U1074570

主　　编　孙晓勇　国家法官学院院长
最高人民法院司法案例研究院院长
副 主 编　胡田野　国家法官学院副院长
刘　畅　最高人民法院司法案例研究院规划部主任
主编助理　赵文轩　最高人民法院司法案例研究院规划部编辑
刘丽媛　最高人民法院司法案例研究院规划部编辑

《中国法院年度案例》编辑人员（按姓氏笔画）
王　锐　刘　畅　朱建伟　朱　琳　吴光荣　李晓果
李　谦　杨小利　胡　岩　赵文轩　唐世银　徐一楠
贾　停　曹海荣　梁　欣　程诗翰　程　瑛

本书编审人员　李晓果

中国法院2022年度案例

国家法官学院　最高人民法院司法案例研究院 / 编

行政纠纷

中国法制出版社
CHINA LEGAL PUBLISHING HOUSE

《中国法院2022年度案例》通讯编辑名单

凌　巍　北京市高级人民法院
刘晓虹　北京市高级人民法院
董　扬　天津市高级人民法院
王　佳　河北省高级人民法院
刘冬梅　山西省高级人民法院
杨智勇　内蒙古自治区高级人民法院
周文政　辽宁省高级人民法院
张功岩　吉林省高级人民法院
孙学诗　黑龙江省高级人民法院
牛晨光　上海市高级人民法院
戴鲁霖　江苏省高级人民法院
缪　芳　江苏省高级人民法院
符东杰　江苏省南通市中级人民法院
周耀明　江苏省无锡市中级人民法院
杨　治　浙江省高级人民法院
蒋　莹　浙江省高级人民法院
吴　婧　安徽省高级人民法院
林文君　福建省高级人民法院
章光园　江西省高级人民法院
王露爽　山东省高级人民法院
郭宇凌　河南省高级人民法院
宋淼军　湖北省高级人民法院
杨晓彤　湖北省宜昌市中级人民法院
唐　竞　湖南省高级人民法院
谢佩宏　广东省高级人民法院
邹尚忠　广西壮族自治区高级人民法院
韦丹萍　广西壮族自治区高级人民法院
李周伟　海南省高级人民法院
谭中平　重庆市高级人民法院
任　梦　四川省高级人民法院
李丽玲　云南省高级人民法院
石　瑾　云南省昆明市中级人民法院
龙　媛　贵州省高级人民法院
施辉法　贵州省贵阳市中级人民法院
王丽萍　西藏自治区高级人民法院
郑亚非　陕西省高级人民法院
吴　莹　甘肃省高级人民法院
央　措　青海省高级人民法院
康　莹　宁夏回族自治区高级人民法院
马小菊　新疆维吾尔自治区高级人民法院
王　琼　新疆维吾尔自治区高级人民法院生产建设兵团分院

序

党的十八大以来，以习近平同志为核心的党中央高度重视法治在推进国家治理体系和治理能力现代化中的重要作用，党的十九届六中全会通过的《中共中央关于党的百年奋斗重大成就和历史经验的决议》指出，必须坚持中国特色社会主义法治道路，贯彻中国特色社会主义法治理论，坚持依法治国、依法执政、依法行政共同推进，坚持法治国家、法治政府、法治社会一体建设，全面增强全社会尊法学法守法用法意识和能力。人民法院始终坚持以习近平法治思想为指导，把加强司法案例研究作为推进全面依法治国的重要途径，通过发布具有普遍指导意义的典型案例，统一法律适用、提高审判质效，提升司法公信力，努力让人民群众在每一个司法案件中感受到公平正义。《中国法院年度案例》丛书，旨在总结提炼典型案例的裁判规则和裁判方法，发挥司法规范、指导、评价、引领的重要作用，大力弘扬社会主义核心价值观，增强全民法治意识和法治素养，展现新时代我国法治建设新成就。

《中国法院年度案例》丛书自2012年编辑出版以来，已连续出版11年，受到读者广泛好评。近年来，为更加全面地反映我国司法审判执行工作的发展进程，顺应审判执行实践需要，响应读者需求，丛书2014年度新增金融纠纷、行政纠纷、刑事案例3个分册，2015年度将刑事案例调整为刑法总则案例、刑法分则案例2个分册，2016年度新增知识产权纠纷分册，2017年度新增执行案例分册，2018年度将刑事案例扩充为4个分册。自2020年起，丛书由国家法官学院与最高人民法院司法案例研究院共同编辑，每年年初定期出版。在全国各级人民法院的大力支持下，丛书编委会现编辑出版《中国法院2022年度案例》系列丛书，共23册。为助力实施环境资源审判专门化的司法政策，推进生态文明建设与绿色发展，自今年起，丛书将土地纠纷（含林地纠纷）分册改为土地纠纷（含环境资源纠纷）分册。

《中国法院年度案例》丛书以开放务实的态度、简洁明快的风格，在编辑中坚持以下方法，努力把案例书籍变得“好读有用”：一是高度提炼案例内容，控制案例篇幅，每个案例基本在3000字以内；二是突出争议焦点，剔除无效信息，尽可能在有限的篇幅内为读者提供有效、有益的信息；三是注重对裁判文书的再加工，大多数案例由案件的主审法官撰写“法官后语”，高度提炼、总结案例的指导价值，力求引发读者思考，为司法工作提供借鉴，为法学研究提供启迪。

《中国法院年度案例》丛书编辑工作坚持以下原则：一是广泛选编案例。国家法官学院和最高人民法院司法案例研究院每年通过各高级人民法院从全国各地法院汇集上一年度审结的典型案例近万件，使该丛书有广泛的精选基础，优中选优，可提供给读者新近发生的全国各地多种类型的典型性案例。二是方便读者检索。为体现以读者为本的宗旨，丛书分卷细化，每卷下还将案例主要根据案由分类编排，每个案例用一句话概括裁判规则、裁判思路或焦点问题作为主标题，让读者一目了然，迅速找到目标案例。

中国法制出版社始终全力支持《中国法院年度案例》丛书的出版，给了作者和编辑们巨大的鼓励。2022年，丛书将继续提供数据库增值服务。购买本书，扫描前勒口二维码，即可在本年度免费查阅往年同类案例数据库。我们在此谨表谢忱，并希望通过共同努力，逐步完善，做得更好，真正探索出一条编辑案例书籍、挖掘案例价值的新路，更好地服务社会主义法治国家建设、服务法治社会建设、服务学习研究法律的读者。

《中国法院年度案例》丛书既是法官、检察官、律师等法律工作者的办案参考和司法人员培训的实用教材，也是社会大众学法用法的经典案例读本，同时是教学科研机构案例研究的良好系列素材。当然，案例作者和编辑在编写过程中也难以一步到位实现最初的编写愿望，客观上会存在各种不足甚至错误，欢迎读者批评指正。我们愿听取各方建议，不断扩宽深化司法案例研究领域，立足新发展阶段，实现中国特色司法案例研究事业的高质量发展。

国家法官学院

最高人民法院司法案例研究院

2022年1月

目　录

Contents

一、行政处罚

二、行政强制

三、行政许可

四、行政登记

五、政府信息公开

六、行政批复

七、行政处理

八、行政复议

九、行政协议

十、行政赔偿

十一、不履行法定职责

一、行政处罚

1

“是否引人误解”是判断构成虚假宣传的核心要素

——贸易公司诉某县市场监督管理局、某市市场监督管理局行政处罚及行政复议案

【案件基本信息】

1. 裁判书字号

江苏省南通市中级人民法院（2020）苏06行终30号行政判决书

2. 案由：行政处罚及行政复议纠纷

3. 当事人

原告（上诉人）：贸易公司

被告（被上诉人）：某县市场监督管理局（以下简称某县市场监管局）、某市市场监督管理局（以下简称某市市场监管局）

【基本案情】

2017年，贸易公司从案外某公司购进空气净化器共200台，进价均为380元/台。此后，贸易公司以6000元/台对外销售，共计销售144台。在销售过程中，贸易公司利用“某公司如东分公司”的名义，采取现场介绍和播放视频的方式进行虚假宣传。同时，以“分享经济”为切入口，称公司分享消费者人脉

资源，消费者分享公司利润，分22个月返还“宣传介绍费”。贸易公司逐月向已购买空气净化器的消费者发放介绍宣传费用，合计发放介绍宣传费用3050元/人。后来，贸易公司称资金周转出现困难，暂时停止发放该费用。销售过程中，因生产单位召回29台、消费者退货16台、贸易公司使用4台、抽检使用4台及扣押3台（合计56台）。

某县市场监管局作出《行政处罚决定书》，认定贸易公司销售不符合国家标准的空气净化器，责令贸易公司停止销售不符合国家标准的空气净化器，没收不合格的空气净化器1台。同时，认定贸易公司在经营活动中存在虚假宣传行为，责令贸易公司改正上述违法行为，并处没收违法所得370080元，罚款370080元。

贸易公司不服，向某市市场监管局申请行政复议。某市市场监管局作出《行政复议决定书》，确认某县市场监管局未在规定期限重新作出处理决定行为轻微违法，维持某县市场监管局作出的《行政处罚决定书》，并邮寄送达贸易公司。贸易公司仍不服，诉至法院，请求撤销某县市场监管局作出的《行政处罚决定书》、撤销某市市场监管局作出的《行政复议决定书》。

【案件焦点】

被诉行政处罚决定认定事实是否清楚、贸易公司是否存在虚假宣传行为。

【法院裁判要旨】

江苏省南通经济技术开发区人民法院经审理认为：贸易公司利用“某公司如东分公司”的名义，采取现场介绍和播放视频的方式，向消费者所作宣传与事实不相符，构成虚假宣传。此外，贸易公司还以“分享经济”为切入口，故意曲解“分享经济”的概念和内涵，向消费者作出引人误解的宣传。故被诉处罚决定认定事实清楚，适用法律正确；对贸易公司的诉讼请求不予支持。

江苏省南通经济技术开发区人民法院依照《中华人民共和国行政诉讼法》第六十九条之规定，判决如下：

驳回贸易公司的诉讼请求。

贸易公司不服，提起上诉。江苏省南通市中级人民法院经审理认为：贸易公司利用“某公司如东分公司”名义，采取现场介绍和播放视频的方式，向消费者宣传“生活馆是某公司的，某公司规模很大，有160多家店，资产规模有20多个亿，在如东、通州、如皋等地都有店”等与事实不相符的内容，构成虚假宣传。此外，贸易公司以“分享经济”为切入口，故意曲解“分享经济”概念和内涵，向消费者承认发放22个月的“宣传介绍费”，由公司分享消费者人脉资源，消费者分享公司利润等引人误解的宣传，故被诉处罚决定认定事实清楚。依照《中华人民共和国产品质量法》第四十九条、第五十五条，《中华人民共和国消费者权益保护法》第五十六条的规定，责令贸易公司停止销售不符合国家标准的空气净化器，没收不合格的空气净化器1台，依法没收违法所得、并处罚款亦符合法律规定，适用法律正确，量罚亦无明显不当。

江苏省南通市中级人民法院依照《中华人民共和国行政诉讼法》第八十九条第一款第一项之规定，判决如下：

驳回上诉，维持原判。

【法官后语】

市场经济是法治经济，诚实守信是市场竞争的灵魂与商事主体的基本行为准则。商品或服务的真实信息是消费者决定是否购买商品或者接受服务的重要因素，消费者对商品和服务的选择和判断多依赖于经营者所提供的信息。在信息不对称的情况下，一旦经营者向消费者提供的有关信息不真实、不全面，便会对消费者的知情权及自主选择权产生不利影响，甚至会使消费者因使用不符合标准的产品而遭受人身、财产损害。而就其他经营者而言，以虚假宣传为表现形式的不正当竞争行为还会带来“劣币驱逐良币”的不良效应，最终破坏正常的市场运行秩序。为此，《中华人民共和国消费者权益保护法》第二十条规定：“经营者向消费者提供有关商品或者服务的质量、性能、用途、有效期限等信息，应当真实、全面，不得作虚假或者引人误解的宣传。”司法实践中，消费者往往通过民事诉讼途径维护自身合法权益，但多为事后的点状式补救。相较之下，市场监管部门依法取缔虚假宣传行为，可以实现对侵害消费者合法权益违法行为的源头治理。

从立法表述上看，消费者权益保护法、广告法、反不正当竞争法均采用了“虚假或者引人误解”的表述。从现行立法可见，虚假宣传分为两种情形，一是内容虚假的宣传，二是引人误解的宣传。具体而言，所谓内容虚假的宣传，是指宣传的内容与商品或者服务的客观情况不符。① 例如，宣传某药品包治百病、将国内小作坊生产的产品宣传为国外知名企业产品、将“三无”产品宣传为优质产品等。所谓引人误解的宣传，是指内容中使用含糊不清、有多重语义的表述，或者表述虽然真实，但是仅陈述了部分事实，使宣传对象或受宣传影响的人对商品或者服务的真实情况产生错误的理解或者判断。比如，宣传某产品含有珍贵物质，该物质对人体特别有益，但实际上该产品中珍贵物质含量极低，消费者使用该产品不足以获得所宣称的效果等。

“内容虚假”与“引人误解”二者紧密联结又各有侧重。宣传的内容虚假但不符合“引人误解”要件的，则不应一概认定为虚假宣传。例如，《最高人民法院关于审理不正当竞争民事案件应用法律若干问题的解释》第八条第二款规定：“以明显的夸张方式宣传商品，不足以造成相关公众误解的，不属于引人误解的虚假宣传行为。”由此可见，“引人误解”仍是判断是否构成虚假宣传的核心要素。此外，有别于对消费者民事侵权责任的追究，市场监管部门对违法行为一经发现便负有查处职责。因此，经营者对消费者的欺骗、误导只要存在可能性即涉嫌违法，不要求产生具体现实的误导后果。本案中，贸易公司假借免费体验、赠送礼品等形式吸引消费者，对经营规模作出了虚假及引人误解的宣传，以骗取消费者的信任。同时，以“分享经济”为切入口，宣称公司分享消费者人脉资源、消费者分享公司利润、分22个月返还“宣传介绍费”，对销售模式进行了引人误解的宣传，属于违反消费者权益保护法的行为。

市场经济的健康发展离不开政府干预，特别是在消费者和经营者二者实力不对等、信息不对称问题凸显的情况下，有必要对作为弱势一方的消费者进行

---

① 贾东明主编：《中华人民共和国消费者权益保护法解读》，中国法制出版社2013年版，第85页。

倾斜性保护。市场监管部门通过依法规制销售不合格产品、虚假宣传等行为，可以对侵害消费者合法权益的违法行为进行源头治理。本案通过对涉虚假宣传行政处罚行为的合法性审查，依法支持行政机关整治市场经济秩序及维护消费者合法权益的行为，也为辨明和认定虚假宣传行为提供了一定的指引。

编写人：江苏省南通市中级人民法院　张娟娟

2

网络平台交易模式下限时优惠广告虚假宣传的司法审查

——创新公司诉某区市场监督管理局、某市市场监督管理局行政处罚及行政复议案

【案件基本信息】

1. 裁判书字号

北京市第三中级人民法院（2020）京 03 行终 1024 号行政判决书

2. 案由：行政处罚及行政复议纠纷

3. 当事人

原告（上诉人）：创新公司

被告（被上诉人）：某区市场监督管理局（以下简称区市监局）、某市市场监督管理局（以下简称市市监局）

【基本案情】

2019 年 7 月 18 日，区市监局对创新公司作出行政处罚决定，主要内容为：创新公司于 2018 年 7 月 18 日在其网店销售智能扫地机器人。在该商品的宣传页面上，有“豪礼限时赠送”“送原装配件　仅限今日”“0 首付 0 利息　仅限今日”的宣传内容。经调查发现，创新公司在 2018 年 7 月 18 日至 7 月 24 日、

2018年7月29日至8月2日均举行了上述活动，并非其宣传的“仅限今日”，与宣传不符。上述宣传的广告费用无法计算。创新公司的上述行为违反了《中华人民共和国广告法》的规定，属于发布虚假广告的行为，责令创新公司在相应的范围内消除影响，决定对创新公司处以罚款200000元。

创新公司于2019年8月22日向市市监局申请行政复议。2019年11月20日，市市监局作出复议维持的决定。遂成讼。

【案件焦点】

1. 商家在网络平台发布限时优惠广告，是否属于虚假广告宣传；2. 网络交易模式中广告费用及处罚幅度如何确定。

【法院裁判要旨】

北京市朝阳区人民法院经审理认为：对于本案第一个争议焦点，创新公司的行为是否构成虚假广告，应从商品或服务在其广告中宣传的各种信息是否存在与实际情况不符情形以及这些信息是否对购买行为有实质影响两个方面进行认定。第一，创新公司于2018年7月18日在其网店中销售涉案商品时，宣传内容中明确优惠活动仅限当日；但区市监局提交的证据均可证实，2018年7月18日至7月24日及2018年7月29日至8月2日期间，创新公司在销售涉案商品的宣传页面中均使用上述宣传内容，存在对涉案商品的宣传信息与实际情况不符合的情形；第二，创新公司是在网店销售涉案商品时发布了上述宣传信息，是通过广告宣传达到让消费者购买涉案商品的目的，从区市监局调取的订单交易信息显示，在上述期间内创新公司多次实际销售涉案商品，已经对购买行为产生实质影响。无论是从主观还是客观的角度来看，创新公司的行为均符合虚假广告的一般认定规制。

对于本案第二个争议焦点，创新公司在行政程序中的调查笔录中陈述网页内容是创新公司技术团队自己制作并上传，没有专门的制作费用，也未就此提交相应证据证明存在实际的广告费用，在本次诉讼程序中提交的证据也不能反映出因本次广告宣传实际支出了相应的广告费用，故区市监局根据调查情况认定本案属于广告费用无法计算的情形并无不当。

北京市朝阳区人民法院依据《中华人民共和国行政诉讼法》第六十九条、第七十九条之规定，作出如下判决：

驳回创新公司的全部诉讼请求。

二审法院同意一审法院裁判意见。

【法官后语】

虚假广告，作为违背市场正常竞争机制的产物，需要依法规范。《中华人民共和国广告法》第四条规定，广告不得含有虚假或者引人误解的内容，不得欺骗、误导消费者。同时，《中华人民共和国广告法》第二十八条第二款第二项的规定对具体认定的虚假广告的情形作出了列举：存在商品的性能、功能、产地、用途、质量、规格、成分、价格、生产者、有效期限、销售状况、曾获荣誉等信息，或者服务的内容、提供者、形式、质量、价格、销售状况、曾获荣誉等信息，以及与商品或者服务有关的允诺等信息与实际情况不符，对购买行为有实质性影响的，为虚假广告。不难看出，只要是对购买行为产生实质性影响的内容，就属于广告法规制的范围。

在广告界，有这么一句话："当消费者没有购买需求的时候，我们就帮其创造购买需求。"① 限时销售就是这样一种促销的方式，它会对消费者的消费心理产生刺激，让消费者感到稀缺，在这种情绪的催促下，更容易采取感性决策模式，从而产生冲动购买的行为。本案中的"限时赠送""仅限今日"等广告词让消费者陷入消费的紧迫感中，超过时间不再享受优惠，产生消费的冲动，同时创新公司发布的"仅限今日"也并非事实，允诺的信息与事实不符，对消费者的购买与否产生了实质的影响，属于虚假广告。

为了规制虚假广告，净化市场环境，对发布虚假广告的发布者、经营者进行惩治就显得尤为重要。发布虚假广告的，由工商行政管理部门对广告主，以

① 《"双 11"你都买了些什么?》，载人民网，http：//media. people. com. cn/n/2015/1116/c40606-27817835. html，最后访问时间：2021 年 12 月 2 日。

及明知或者应知广告虚假的广告经营者、广告发布者，进行罚款，对于累犯可以吊销营业执照，情节严重的可能会入刑，构成虚假广告罪。对于虚假广告的处罚是按照广告费用来确定处罚幅度的，对于广告费用无法计算或者明显偏低的情况，处二十万元以上一百万元以下的罚款。从其中也可以看出对虚假广告的惩治力度，二十万元以上一百万元以下更是作为该行为处罚的空间，故对虚假广告的处罚数额认定要顺应立法的惩治力度。

广告法中的广告费用指的是经营者或者广告主通过宣传设计、制作、代理、发布广告信息所支付的费用，而创新公司在自己经营的网店发布广告，属于广告主在自设网站自行发布广告的行为。这种情况下广告费用难以计算，应按广告费用无法计算处理。实质上这种情况下也是有费用的，只是广告主自己设计制作发布，费用支出非常有限，广告费用显然很低，这时如果按照广告主实际产生的费用计算广告费用实施行政处罚，明显不足以惩戒广告违法行为，因此也应纳入广告费用无法计算的情形。从立法的目的来看，将此种广告主在自设网站自行发布广告的行为，认定为广告费用无法计算的情况，符合立法目的，囊括进应处罚的幅度空间，有利于保证类案处罚的相当性。

编写人：北京市朝阳区人民法院　尤振帅

3

交管部门以违法告知的方式将自然一行为处断为法律意义上多行为未违反“一事不再罚”原则

——李某诉某市公安局公安交通管理局某交通支队某大队、某区人民政府行政处罚及行政复议案

【案件基本信息】

1. 裁判书字号

北京市第三中级人民法院（2020）京03行终393号行政判决书

2. 案由：行政处罚及行政复议纠纷

3. 当事人

原告（上诉人）：李某

被告（被上诉人）：某市公安局公安交通管理局某交通支队某大队（以下简称交通大队）、某区人民政府（以下简称某区政府）

【基本案情】

2019年7月12日，交通大队所属的交通协管员在北京市朝阳区北土城东路育慧南路南口至北土城东路东口段处发现涉案客车停在非停车场、非停车泊位的道路上，违反了停车管理规定。交通协管员对该行为进行了拍照记录，并在该车辆上粘贴《北京市交通协管员道路停车记录告知单》，告知“上述时间、地点该机动车未在道路停车泊位或停车场内停放，根据《北京市实施〈中华人民共和国道路交通安全法〉办法》第七十九条第四款的规定，已对以上事实作了图像记录。此告知单及图像记录将提供给交通大队审核”。2019年7月17日，交通大队所属交通协管员在上述地点发现该车仍违反停车规定停放，遂再

次拍照并在车辆上粘贴告知单。

2019年7月30日，原告前往交通大队接受非现场处罚。交警确认了原告存在在前述时间和地点违反停车规定的违法行为，遂当场制作《处理机动车违法记录告知书》告知拟作出的处罚、依据及“对于非本辖区内的违法行为，如无异议，本机关将一并处理”，原告当场未提出陈述和申辩并在被告知人处签名。交警遂作出《公安交通管理简易程序处罚决定书》并向原告送达，认定2019年7月12日11时53分、2019年7月17日9时52分，原告在北土城东路育慧南路南口至北土城东路东口段处，分别实施机动车违反停车规定的违法行为。根据《中华人民共和国道路交通安全法》第九十条、第九十三条第二款的规定，决定分别给予200元的罚款。根据《道路交通安全违法行为处理程序规定》第四十八条第一款规定，共处罚款400元。

原告不服，向某区政府申请行政复议，请求撤销该决定书。某区政府于2019年10月30日作出《行政复议决定书》，维持了交通大队作出的处罚决定。原告仍不服，诉至法院，以该处罚决定适用简易程序错误、违反“一事不再罚”原则为由，请求撤销上述处罚决定和复议决定。

【案件焦点】

交通管理部门以违法告知的方式将自然意义的一行为处断为法律评价上的多行为是否违反“一事不二罚”规定及原则。

【法院裁判要旨】

北京市朝阳区人民法院经审理认为：“一事不二罚”原则的确立，旨在防止重复处罚，保护行政相对人合法权益，体现了行政处罚的实施必须与违法行为的事实、性质、违法情节相当。因此，对“一事”或“同一违法行为”的判定应遵循上述原则确立的宗旨。本案中，现有证据仅能证实该机动车自2019年7月12日至7月17日始终停放在涉案地点，车辆停放的行为处于继续状态，自然意义上的一行为是成立的。本案的关键在于交通管理部门以违法告知的方式将自然意义的一行为处断为法律评价上的多行为是否违反上述规定及处罚原则。

对此：第一，原告存在违法停车的故意。第二，原告违法停放车辆的行为具有长期性。原告违法停放车辆的行为长达五天之久，且占用了城市公共道路，该行为是对公共交通管理秩序的破坏。第三。切割处断的处罚方式符合过罚相当原则，其处断的次数并未超出合理限度。交通大队执法方式与原告长期违法停车的主观故意、情节、性质相适应，且避免了因违法成本过低难以实现纠正违法行为的处罚目的，对于最大限度维护交通管理秩序具有一定的积极意义。同时，该执法方式已给予违法行为人合理的矫正期间，但违法行为人并未主动纠正，因此交通大队所作的切割处断的次数并未超出合理限度，亦不构成对违法行为人合法权益的侵害。综上，被诉行政处罚并未违反“一事不二罚”原则及法律规定。交通大队作出的被诉《公安交通管理简易程序处罚决定书》合法，予以支持。某区政府履行复议程序合法，亦予以支持。综上，原告诉讼理由不能成立。

北京市朝阳区人民法院依照《中华人民共和国行政诉讼法》第六十九条、第七十九条之规定，作出判决：

驳回原告的诉讼请求。

二审法院同意一审法院裁判意见。

【法官后语】

随着经济的快速发展，我国人均汽车保有量逐年上升，城市停车设施供给不足是目前面临的现实问题。在违法成本低的情况下，持续违法停车现象日益凸显，既严重影响了交通安全和社会秩序，也让交通管理部门面临着执法困境。本案裁判从以下两个层面对此问题进行了有益的探索。

1. 持续违法停车行为的行为数量之判断

厘清此种持续违法停车行为中的行为数量，是研究该问题的前提。本案中，在案证据能证实车辆停放的行为始终处于继续状态，符合违法行为“在空间上或时间上具有连续性”的特征，应属于“自然一行为”①。但是，从法律拟制的角度看，本案存在两个违法行为：第一个违法行为是行政相对人违法停车后至执法机关进行违法告知前；第二个违法停车行为是行政相对人在受到违法告知后，仍然拒不纠正，继续实施违法停车行为，则产生了新的违法行为，属于第二个违法停车行为，也即交通管理部门以违法告知的方式将“自然一行为”处断为“法律评价上的多行为”，且交通管理部门也是据此给予的两次罚款。

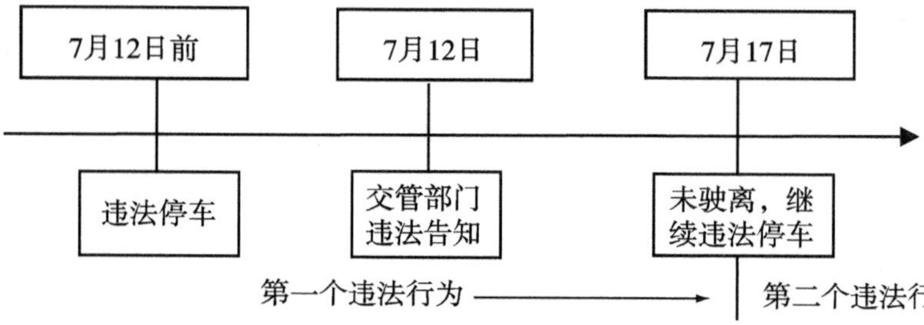

图例　法律拟制的多行为

2. 持续违法停车行为的“处断式执法”之合法性评价

本案关键在于，此种以违法告知的方式将“自然一行为”处断为“法律评价上的多行为”从而给予多次处罚的执法模式，是否符合“一事不二罚”相关规定及原则。笔者认为，对此应持肯定性评价。

第一，此种执法模式具有法理基础。不论违法停车告知单的性质是否为具体行政行为、外部行政行为，其应属于行政行为，一经作出，则具有行政行为效力。因此，一旦违法停车告知作出并送达，在法律意义上，该违法停车行为已经中断，行政相对人仍不纠正，导致违法停车行为处于持续状态，应属于新的违法行为。

第二，此种执法模式具有现实必要性与内在合理性。当前，“乱停车”现象频发已经成为困扰我国诸多城市治理的“顽疾”，且因违法成本低，“罚款当

---

① 陈清秀：《行政处罚法》，法律出版社2016年版，第195页。“数个动作，具有直接的（在空间上及时间上）关联性，因此其整体的活动由第三人（客观上）自然地加以观察，可认为是一个统一的综合的行为。”

停车”的现象更是层出不穷。持续违法停车与短时间违法停车相比，危害性更大，若一刀切地仅仅处罚一次，将导致违法行为人停一小时、一天、一周受到的处罚都是相同的，明显有违过罚相当原则和比例原则。而“处断式执法”在合理的切割次数限度内与违法行为人的主观故意性、情节、性质等因素相适应，并未侵害相对人的合法权益，不与“一事不再罚”原则相悖，且有效避免了因违法成本低而导致处罚目的无法实现，最大限度保障了城市公共交通秩序和社会安全。

综上分析，“处断式执法”并未违反法律原则与规定，且是治理“乱停车”现象的有力手段，本案裁判对此给予了肯定性评价，对此类问题的解决具有一定的参考意义。

编写人：北京市朝阳区人民法院　朱军巍　孙雯

4

因行政规划存在冲突而对相对人作出行政处罚的司法认定

——赵某诉某区园林绿化局行政处罚案

【案件基本信息】

1. 裁判书字号

北京市第三中级人民法院（2020）京 03 行终 979 号行政判决书

2. 案由：行政处罚纠纷

3. 当事人

原告（上诉人）：赵某

被告（被上诉人）：某区园林绿化局（以下简称某区园林局）

【基本案情】

2012年11月1日，赵某与案外人吴某、刘某签订了《租赁合同》，二人将其与村委会签订的果树承包合同中的90亩土地转租给赵某经营，合同期限为2012年10月21日至2029年10月21日。2013年，赵某开始在上述承包地内建设种植大棚，至2015年建设完成，后赵某在大棚内种植蔬菜、水果，并对外出售。

2018年2月26日，某区园林局接到上级机关移交的案件线索，反映赵某未经林业主管部门同意，在73号图斑内擅自占用集体林地建大棚。某区园林局于同日立案，并到上述地块进行了勘验。此后，某区园林局将此案的办理期限延长了2个月，并对赵某进行了三次询问调查，告知其享有陈述和申辩的权利。赵某在73号图斑中确认了其所建的5个温室大棚部分的对应位置，并认可面积为1265平方米。同日，某区园林局向赵某送达了《行政处罚先行告知书》，告知了赵某拟对其作出行政处罚决定的事实、理由、依据及其享有陈述和申辩的权利。2018年5月25日，某区园林局作出《行政处罚决定书》。赵某不服，向法院提起行政诉讼，后法院以上述《行政处罚决定书》违反法定程序为由，判决依法予以撤销。

2019年7月18日，某区园林局向赵某重新作出并送达了《行政处罚先行告知书》《听证权利告知书》，后根据赵某的申请，于2019年8月9日组织召开了听证会。2019年8月13日，某区园林局作出本案被诉《行政处罚决定书》，对赵某罚款12650元。赵某不服该处罚，遂提起诉讼。

另查明，73号图斑内的土地是3级保护林地（非生态公益林）。赵某所建的5栋大棚的各一部分，即1265平方米在该图斑内，赵某未办理上述大棚的征占用林地的审批手续。根据当地土地利用总体规划（2006—2020年），上述土地规划用途为一般农地区，并非林业用地区。

【案件焦点】

在林保规划和土地规划存在冲突的情况下，赵某在涉案土地内建设大棚是否应认定为违法行为。

【法院裁判要旨】

北京市顺义区人民法院经审理认为：虽然赵某所建5栋大棚的各一部分位于顺义区林保规划之内，地类性质属于3级保护林地（非生态公益林），但是根据当地土地利用总体规划（2006—2020年），上述大棚所在地的土地规划用途为一般农地区，而非“林业用地区”，且在土地利用总体规划中，“一般农地区”与“林业用地区”两种规划用途系并列关系。因此，根据土地利用总体规划，赵某所建大棚并未占用林业用地。在林地保护利用规划和土地利用总体规划存在冲突的情况下，某区园林局仅以林地保护利用规划为准，认定赵某存在非法占用林地的行为，并对其作出处罚，其作出的处罚决定属于认定事实不清，依法应予撤销。赵某的诉讼请求应予支持。

北京市顺义区人民法院依照《中华人民共和国行政诉讼法》第七十条第一项之规定，判决如下：

撤销某区园林局于2019年8月13日作出的《行政处罚决定书》。

二审法院同意一审法院裁判意见。

【法官后语】

本案属于行政处罚类案件。行政处罚是指行政机关依法对违反行政管理秩序的公民、法人或者其他组织，以减损权益或者增加义务的方式予以惩戒的行为。《中华人民共和国行政处罚法》既要保障和监督行政机关有效实施行政管理，维护公共利益和社会秩序，又要保护公民、法人或者其他组织的合法权益，二者缺一不可。因行政处罚具有惩罚和制裁的性质，故行政机关作出行政处罚决定之前，必须对相关事实调查清楚，确保法律依据正确、执法程序合法，才能真正做到既维护公共利益和社会秩序，又保护公民、法人和其他组织的合法权益。

本案中，某区园林局对赵某作出行政处罚的理由是，赵某未经其批准，在林地保护利用规划区域内建设大棚，该行为违反了法律规定。由此可见，赵某建设的大棚所在土地的性质是否属于林地系本案的关键所在。根据本案查明的事实可知，涉案大棚所处位置的林地保护利用规划与土地利用总体规划相矛盾，且林地保护利用规划和土地利用总体规划均是合法有效的，而某区园林局或未查明该矛盾的存在，或不顾该矛盾的存在，仅依据林地保护利用规划，便认定赵某存在非法占用林地的违法行为并予以行政处罚。因此，某区园林局实际上对于赵某是否存在违法行为的事实并未查清，即其对赵某作出处罚缺乏事实根据。显而易见，因为不同的行政机关制定不同的规划时存在失误，从而使无辜的行政相对人的合法权益受到了损害，该处罚行为违背了行政处罚法的立法目的。

此外，某区园林局以林地保护利用规划认定涉案大棚所在地为林地，并对赵某作出行政处罚，其依据的仅仅是自己的上级部门制定的规范性文件。但是，规范性文件的效力较低，行政机关应当审慎适用，充分考量规范性文件的合法性、合理性。在确定该规范性文件与法律、法规及规章不存在矛盾、冲突，且适用该文件不侵犯行政相对人合法权益的情况下，才能以此为依据作出行政行为。本案中，某区园林局依据的是北京市园林绿化局制定的规范性文件，即《北京市园林绿化局关于有关法律法规在我市实施过程中适用问题的指导意见》第二条规定：在查处涉嫌占用林地的行政案件中，应当以市、区两级林地保护利用规划作为认定林地地类性质的依据。从表面上看，该条文没有不妥之处，但该条文并未考虑到林地保护利用规划和土地保护利用规划有可能存在相冲突的情形。而某区园林局在办理案件过程中发现两类规划存在冲突后，仍然机械地以该条文为依据作出处罚，侵害行政相对人的合法权益，明显不妥。

编写人：北京市顺义区人民法院　宋颖

5

存在多个法定处罚档次的，行政机关可以跨档减轻行政处罚

——邵某诉某市公安局某区分局、某市人民政府行政处罚案

【案件基本信息】

1. 裁判书字号

江苏省无锡市中级人民法院（2020）苏02行终210号行政判决书

2. 案由：行政处罚纠纷

3. 当事人

原告（上诉人）：邵某

被告（被上诉人）：某市公安局某区分局（以下简称某区公安局）、某市人民政府（以下简称某市政府）

第三人：胡某

【基本案情】

2019年5月11日上午，邵某与刘某因琐事发生口角。争吵中，邵某使用过激言辞对刘某进行侮辱，刘某气愤之下报警并将该情况电话告知其丈夫胡某。后胡某赶到派出所与邵某发生口角，出于愤怒向邵某后颈部拍了一掌。当日，某区公安局受理胡某殴打邵某一案。邵某到医院就诊，初步诊断为左耳外伤。2019年6月6日，某区公安局申请对邵某的伤情进行鉴定，法医要求邵某做CT或者核磁共振检查，邵某自愿放弃。6月21日，民警组织调解，胡某向邵某赔礼道歉，邵某拒不接受赔礼道歉，也不同意调解。6月26日，某区公安局作出［2019］1277号《行政处罚决定书》（以下简称1277号《处罚决定》），根据《中华人民共和国治安管理处罚法》第四十三条第一款之规定，决定对胡某罚

款五百元。邵某申请行政复议，某市政府认为邵某已满六十周岁，某区公安局适用《中华人民共和国治安管理处罚法》第四十三条第一款，明显不当，遂撤销1277号《处罚决定》并责令重作。

2019年10月15日，某区公安局作出［2019］2075号《行政处罚决定书》（以下简称2075号《处罚决定》），根据《中华人民共和国治安管理处罚法》第四十三条第二款第二项、第十九条第一项之规定，决定对胡某罚款五百元。邵某申请行政复议，某市政府予以维持。因不服前述行政处罚决定和复议决定，邵某向法院提起行政诉讼。

另查明，邵某于2019年7月8日向法院起诉要求胡某赔偿医药费1017.72元和营养费500元（民事纠纷）。2019年8月19日，经双方协商，胡某支付邵某1400元后，邵某撤回起诉。

【案件焦点】

存在多个法定处罚档次的，行政机关可否跨档减轻行政处罚。

【法院裁判要旨】

江苏省无锡市滨湖区人民法院经审理认为：邵某虽属于年满六十周岁以上的老人，但其在和他人交往相处的过程中并未做到文明礼貌，这是胡某对其动手的重要起因。胡某拍了邵某一掌后被人劝阻，且事发后认错态度较好，主动向邵某赔礼道歉，足见其主观恶意较轻，可以认定属于情节特别轻微。关于行政处罚量罚是否适当的问题，《中华人民共和国治安管理处罚法》第十九条对于情节特别轻微的，规定可以减轻处罚或者不予处罚。对于与免除处罚并列的减轻处罚情节而言，违法行为人如果达到免除处罚的程度，对其跨档减轻刑罚，自然是顺理成章；相反，一个可能会免除处罚的违法行为人，却不能跨两档予以减轻处罚，反而受递档减轻处罚的限制，这在逻辑上是个悖论。减轻处罚是从宽处罚措施，区别对待减轻处罚的幅度，有利于达到教育违法行为人的目的。因此，某区公安局根据案件发生的起因、经过、结果，坚持以教育和处罚相结合，依法对胡某适用减轻处罚，处以五百元罚款，并无不当。

江苏省无锡市滨湖区人民法院依照《中华人民共和国行政诉讼法》第六十九条、第七十九之规定，作出如下判决：

驳回邵某的诉讼请求。

邵某不服一审判决，提出上诉。江苏省无锡市中级人民法院经审理认为：因邵某对胡某妻子刘某使用侮辱性语言，后胡某就此事与邵某发生口角，根据视频监控显示，胡某当时站立于邵某（坐姿）的侧前方，伸手在邵某后颈部附近拍了一掌，该动作并非邵某所称的“猛击一拳”。从邵某的诊疗及后续恢复情况看，亦未造成较重的损害结果。相关医药费等费用经法院民事诉讼协调后，胡某一方已当庭支付完毕。在此期间，胡某一方也曾主动向邵某赔礼道歉，可见其已意识到自身行为的错误，认错态度较好。因此，某区公安局认定本案中胡某的行为属于情节特别轻微，依法对其适用减轻处罚，符合过罚相当以及教育与处罚相结合的原则，并无不当。

江苏省无锡市中级人民法院依照《中华人民共和国行政诉讼法》第八十九条第一款第一项之规定，判决如下：

驳回上诉，维持原判。

【法官后语】

根据《中华人民共和国治安管理处罚法》第四十三条规定，殴打他人有三档处罚幅度，即情节较轻的，处五日以下拘留，或者五百元以下罚款；一般情节的，处五日至十日拘留、并处二百元至五百元罚款；存在加重情节的，处十日至十五日拘留，并处五百元至一千元罚款。本案违法行为人胡某殴打已年满六十周岁的邵某，具有加重情节，依据《中华人民共和国治安管理处罚法》第四十三条第二款规定应“处十日以上十五日以下拘留，并处五百元以上一千元以下罚款”。同时，胡某又符合情节特别轻微的量罚情形，依据《中华人民共和国治安管理处罚法》第十九条，可以减轻处罚。对于本案如何适用减轻处罚、存在多档处罚幅度时公安机关能否直接减轻至罚款五百元、该量罚是否适当，值得讨论。

减轻处罚，是指行政机关在法定的处罚种类以下和处罚幅度的最低限以下对违法行为人适用行政处罚，包括处罚幅度的减轻和处罚种类的减轻。在法律明确规定多个处罚档次的情形下，基于法律的授权可在法定处罚档次以下按照其他处罚档次予以处罚，降低处罚幅度不受递档减轻限制。理由是：首先，从规范目的分析。法条将减轻处罚与不予处罚并列规定，本身就体现了立法者要求减轻处罚直至免罚，因此量罚时应当允许裁判者根据具体案情自由选择跨档（两档、三档）减轻处罚直至不予处罚。如果法条规定“从轻或者减轻”，则应当遵从文义解释，不得作出超越字面含义的扩大解释，以区别对待减轻处罚的幅度，达到“寓教于惩”的目的。其次，从逻辑角度分析。违法行为人具有减轻处罚情节，可以递档减轻；违法行为人如果具有多个减轻处罚情节或者减轻情节达到接近免除处罚的程度，仍然只是递档减轻，则轻重失衡、逻辑背反。最后，从适用后果分析。本案被诉公安机关将处罚种类由“拘留并处罚款”，减为“罚款”，形式上看似乎是直接减少了主罚、保留了并罚，但是因《中华人民共和国治安管理处罚法》三档量罚幅度的法条结构，故本案并不属于减少罚种情形，本质上仍属于跨档减轻幅度的问题。如果仅能递档减轻，则减轻处罚与免除处罚之间，跨越了下一档处罚幅度，使减轻幅度过度跳跃。

不可否认，存在多档处罚幅度时允许跨档减轻，赋予了执法机关较大的裁量权，不利于量罚的精细化和预期性。可资借鉴的解决方案是建立裁量基准或者裁量权行使规则，通过限额方式限定减轻处罚幅度，增强操作性和规则预期性。如《海事行政处罚裁量权管理办法》第十三条规定减轻处罚的幅度“不得低于法定处罚幅度下限的20%”。

编写人：江苏省无锡市中级人民法院　卢文兵　刘英

6

公司向法院申请破产的情形下如何认定其“无理由拒绝退还服务费用”

——教育公司诉某区市场监督管理局行政处罚案

【案件基本信息】

1. 裁判书字号

北京市第三中级人民法院（2020）京 03 行终 1048 号行政判决书

2. 案由：行政处罚纠纷

3. 当事人

原告（上诉人）：教育公司

被告（被上诉人）：某区市场监督管理局（以下简称某区市监局）

【基本案情】

2019 年 9 月 12 日，某区市监局对教育公司作出《行政处罚决定书》，主要内容为：教育公司主要从事出国留学中介服务。某区市监局陆续接到消费者投诉，反映在与教育公司签订《退款协议书》后，教育公司没有按《退款协议书》的约定退还费用。未退还的费用共计 170438 元。另，教育公司存在擅自改变企业住所的行为。教育公司未给消费者退款的行为构成对消费者提出退还服务费用的要求无理拒绝行为。某区市监局对教育公司作出如下处罚：1. 没收违法所得 170438 元；2. 罚款 300000 元。对其擅自改变企业住所的行为处罚款 10000 元。合计罚款 480438 元。教育公司认为其不存在“对消费者提出的请求无理由拒绝”的事实，公司未在规定期限内返还消费者出国留学中介服务费用，系因国际留学政策发生巨大变化，公司业务下滑资不抵债，并非主观故意拖延造成。公司已向法院申请破产清算。按照《中华人民共和国企业破产法》的规定，人民法院受理破产申请前六个月内，债务人有资不抵债的情形，不得对个别债权人进行清偿，故请求撤销被诉行政处罚决定。

某区市监局辩称，其于 2019 年 2 月 27 日对教育公司立案调查，于 2019 年 9 月 12 日作出被诉《行政处罚决定书》，于 2019 年 9 月 17 日向教育公司的委托人予以送达。教育公司至今未缴纳罚没款。某区市监局对教育公司作出的行政处罚决定事实清楚、证据确凿、程序合法，请求法院驳回教育公司的诉讼请求。

【案件焦点】

1. 教育公司的行为是否构成无理由拒绝消费者提出的退还服务费用的要求；2. 教育公司是否能以资不抵债申请破产清算作为其违法阻却事由。

【法院裁判要旨】

北京市朝阳区人民法院经审理认为：某区市监局对于发生在其管辖区域内的经营者侵害消费者权益行为具有监管、查处的法定职责。根据消费者权益保护法的规定，教育公司同意在一定期限内退还消费者相关出国留学中介服务费，但其并未按约定退还消费者相关费用，未退还费用共计 170438 元。教育公司提出其已向法院申请破产的主张并非阻却构成无理拒绝消费者提出的合理要求的法定事由，一审法院对于教育公司的此项诉讼主张不予采信。某区市监局根据违法所得数额并参考相关基准，结合其经营亏损状态非恶意逃避退款等情形，对教育公司从轻作出没收违法所得并处罚款 300000 元的决定，符合法律规定。某区市监局作出的其他处罚内容的亦符合法律规定，程序合法。综上，教育公司要求撤销某区市监局作出的被诉《行政处罚决定书》理由不能成立，对其诉讼请求不予支持。

北京市朝阳区人民法院依据《中华人民共和国行政诉讼法》第六十九条之规定，判决如下：

驳回教育公司的全部诉讼请求。

教育公司不服，提起上诉。北京市第三中级人民法院经审理认为：教育公司在退款期限届满后超过十五日未退款，即应视为构成无理拒绝消费者提出的合理要求的行为，应对其行为按照消费者权益保护法的规定作出相应的处理。教育公司与消费者约定的退款期限早于人民法院受理其破产申请前六个月的期限，故教育公司的该项主张缺乏事实依据，其无理拒绝消费者提出的合理退款要求的行为并不存在违法阻却事由。某区市监局作出本案被诉《行政处罚决定书》职权明确，事实清楚，程序合法，适用法律并无不当。一审法院判决结果正确，二审法院应予维持。

北京市第三中级人民法院依照《中华人民共和国行政诉讼法》第八十九条第一款第一项之规定，判决如下：

驳回上诉，维持一审判决。

【法官后语】

本案系因提供留学服务的经营者未在约定期限内退还消费者留学服务费用，被市场监管部门认定为无理拒绝退还服务费用并给予行政处罚引发的行政诉讼案件。该案例涉及留学服务机构已向法院申请破产情形下未按退款协议约定向消费者退还服务费用的行为是否违法的认定、留学服务机构是否能以其已向法院申请破产为由免除相应的行政处罚以及拒绝退还的服务费用是否构成违法所得。

1. 关于无理拒绝退还消费者服务费用的认定

《侵害消费者权益行为处罚办法》对经营者针对消费者提出的合理退款要求视为故意拖延或者无理拒绝的情形作出了明确的规定。其第八条规定，经营者提供商品或者服务，应当依照法律规定或者当事人约定承担修理、重作、更换、退货、补足商品数量、退还货款和服务费用或者赔偿损失等民事责任，不得故意拖延或者无理拒绝消费者的合法要求。经营者有下列情形之一并超过十五日的，视为故意拖延或者无理拒绝：（一）经有关行政部门依法认定为不合格商品，自消费者提出退货要求之日起未退货的；（二）自国家规定、当事人约定期满之日起或者不符合质量要求的自消费者提出要求之日起，无正当理由拒不履行修理、重作、更换、退货、补足商品数量、退还货款和服务费用或者赔偿损失等义务的。第十条第二款规定，经营者对消费者提出的合理退款要求，明确表示不予退款，或者自约定期满之日起、无约定期限的自消费者提出退款要求之日起超过十五日未退款的，视为故意拖延或者无理拒绝。本案中，教育公司提出，该公司对消费者的退款请求不存在故意拖延、无理由拒绝的事实，公司确实无力支付退款，按照《中华人民共和国企业破产法》第三十二条的规定也不能对客户个别清偿。而根据本案查明的事实，教育公司与涉案提出投诉的消费者均签订了《退款协议书》，其中约定了退款方式及退款日期，教育公司在退款期限届满后超过十五日未退款，即应视为构成无理拒绝消费者提出的合理要求的行为，应对其行为按照消费者权益保护法的规定作出相应的处理。

2. 经营者向法院申请破产是否构成不退还服务费用的违法阻却事由

《中华人民共和国企业破产法》第三十二条规定，人民法院受理破产申请前六个月内，债务人有本法第二条第一款规定的情形，仍对个别债权人进行清偿的，管理人有权请求人民法院予以撤销。但是，个别清偿使债务人财产受益的除外。教育公司据此主张，公司确实无力支付退款，按照《中华人民共和国企业破产法》的上述规定也不能对客户个别清偿的主张。但教育公司在与消费者签订《退款协议书》向消费者作出退款承诺时即应对自身还款计划的执行能力有所预估，退款期限届满后其不能如期还款即应承担相应的法律责任，其自身的经营亏损不应由消费者承担。本案中，教育公司于2019年7月8日以不能清偿到期债务且资产不足以清偿全部债务为由，向法院申请破产清算。2020年3月3日，法院裁定受理教育公司的破产清算申请。按此时间推算，教育公司与涉案消费者约定的退款期限早于人民法院受理其破产申请前六个月的期限，故教育公司的该项主张缺乏事实依据，其无理拒绝消费者提出的合理退款要求的行为并不存在违法阻却事由，法院对于教育公司的该项主张涉及的时间节点予以审查后作出了不予支持的结论。教育公司主张从向法院申请破产的时间倒推六个月不予个别清偿的主张缺乏法律依据。

综上所述，留学服务经营者因国际留学政策变化等原因导致经营状况恶化，消费者对其提供的服务质量不满以及对其后续经营情况不看好，遂要求退还已交纳的留学服务费用并与经营者签订了退款协议。但退款协议到期后商家以资不抵债已申请破产为由，拒绝向消费者进行个别清偿。法院在本案中对无理由拒不退还服务费用的情形予以明确，对经营者以资不抵债已申请破产构成违法阻却事由的抗辩事项予以厘清，明确了公司破产对消费者是否能进行个别清偿应以法院裁定受理破产申请为相应的时间节点。该案的裁判理由对类案的裁判有一定的借鉴意义。

编写人：北京市第三中级人民法院 胡林强

7

拘留处罚在未成年人校园欺凌案件中的适用

——王甲诉某市公安局某区分局行政处罚案

【案件基本信息】

1. 裁判书字号

山东省济南市中级人民法院（2020）鲁 01 行终 376 号行政判决书

2. 案由：行政处罚纠纷

3. 当事人

原告（被上诉人）：王甲

被告（上诉人）：某市公安局某区分局（以下简称某区公安分局）

第三人：王乙

【基本案情】

2018 年 11 月，某培训学校在校未成年学生王甲、姜某某两次在学校寝室对其同宿舍同学王乙（未成年）实施殴打。第二次事发后，王乙的母亲报警。某区公安分局接到报警后依法受案，并对涉案治安案件进行调查取证。经调查，某区公安分局认为王甲、姜某某共同殴打王乙的行为构成结伙殴打。考虑到本案违法行为人及受害人均为未成年人，某区公安分局在当事三方均有调解意愿的前提下组织调解，最终姜某某一方取得受害人王乙的谅解，某区公安分局作出《不予行政处罚决定书》，决定对姜某某不予行政处罚；在王甲、王乙双方明确表示无法达成和解，要求公安机关依法处理后，某区公安分局作出《行政处罚决定书》，依据《中华人民共和国治安管理处罚法》第四十三条第二款第一项、第十二条之规定，决定给予王甲行政拘留七日并处罚款贰佰元的行政处罚，同时依据《中华人民共和国治安管理处罚法》第二十一条第二项的规定，对王甲不送拘留所执行。王甲不服某区公安分局作出的《行政处罚决定书》，诉至法院。

【案件焦点】

1. 未成年人能否适用行政拘留处罚；2. 未成年人结伙殴打他人是否可适用调解程序处理；3. 对结伙殴打他人的未成年人作出不同处理，是否存在适用双重认定标准的问题。

【法院裁判要旨】

山东省济南市历下区人民法院经审理认为：某区公安分局在选择治安调解方式对涉案纠纷予以处理时，即已认定涉案违反治安管理的行为属于情节较轻的情形。经调解，姜某某与王乙达成调解协议并实际履行，某区公安分局也作出《不予行政处罚决定书》。而因王甲与王乙调解不成，某区公安分局在进行行政处罚时又作出王甲为结伙实施殴打，属于情节较重的认定。某区公安分局在整个治安案件的处理过程中实行双重认定标准，前后矛盾，适用程序错误，适用法律不当，违反公平公正原则，且其在对王甲作出拘留处罚时并未充分考虑对未成年人的挽救及给予改过自新的机会，具有明显的不合理性，依法应予撤销。

山东省济南市历下区人民法院依照《中华人民共和国行政诉讼法》第七十条第二项之规定，判决如下：

一、撤销某区公安分局作出的《行政处罚决定书》；

二、某区公安分局于法定期限内对原告王甲违反治安管理的行为重新作出处理。

某区公安分局不服，提起上诉。山东省济南市中级人民法院经审理认为：王甲、姜某某两人共同实施殴打王乙的行为，符合结伙殴打他人的情形。至于情节轻重，属于公安机关自由裁量的范畴。王甲与姜某某均系未成年在校学生，其结伙殴打受害人王乙的行为在情节上尚不够刑事处罚，亦不属于排除适用治安调解的违法行为范围，且姜某某实际上能够取得受害人王乙的谅解。故公安机关经双方当事人同意，可以通过治安调解的方式予以处理。经调解，姜某某取得了受害人王乙的谅解，某区公安分局对其作出《不予行政处罚决定书》，并无不当；王甲因未主动消除或者减轻违法后果，未取得受害人王乙的谅解，某区公安分局鉴于其系未成年人，依据《中华人民共和国治安管理处罚法》第四十三条第二款、第十二条之规定对其作出行政拘留七日并处罚款贰佰元的行政处罚，且不送拘留所执行，适用法律正确，程序合法，处罚幅度及执行方式适当，不存在适用双重认定标准的问题。

山东省济南市中级人民法院依照《中华人民共和国行政诉讼法》第八十六条、第八十九条第一款第二项之规定，判决如下：

一、撤销一审判决；

二、驳回王甲的诉讼请求。

【法官后语】

近年来，我国校园欺凌事件屡有发生，引发了社会的强烈关注。校园欺凌行为具有隐蔽性强、伤害力大等特性，会对未成年人的身心健康造成巨大的影响。当前，就未成年人校园欺凌行为，少数地方出台了地方性法规予以预防和治理，但国家层面并未出台专门的法律法规进行规制，仅有部分责任性条款零散地分布于刑法、治安管理处罚法及相关民事法律规范中。现行法律法规对未成年人违法犯罪持教育、感化、挽救的态度，以促进未成年人改过自新为主，尽量避免对未成年人的健康成长造成不良影响。然而，校园欺凌行为若得不到相应的依法惩处，受害人权益就得不到相应的保障。应当看到，校园欺凌的实施主体是未成年在校学生，校园欺凌的受害人亦是未成年在校学生。如果公安机关仅以教育、感化的方式对类似案件中的校园欺凌行为进行处理，而不在法律规定的处罚幅度内对违法行为人作出相应的处罚，将会降低相关人员的违法成本，不利于预防和制止校园欺凌现象。故，公安机关在办理未成年人校园欺凌案件时，既应当坚持教育、感化、挽救的方针，从教育入手，以情感人，以理服人，充分考虑未成年人的心理特点和承受能力，尊重其人格，保障其依法享有的合法权益，又要在查明案件事实的基础上依法决定是否对违法未成年人作出相应处罚，不枉不纵。

《中华人民共和国治安管理处罚法》第四十三条规定将殴打他人、故意伤害他人身体的违法情形分为三种，对一般情形的，处五日以上十日以下拘留，并处二百元以上五百元以下罚款；对情节较轻的，处五日以下拘留或者五百元以下罚款；对具有特殊情形的，如结伙殴打、伤害他人的，殴打、伤害残疾人、孕妇、不满十四周岁的人或者六十周岁以上的人的，多次殴打、伤害他人或者一次殴打、伤害多人的，给予十日以上十五日以下拘留，并处五百元以上一千元以下罚款。情节轻重的认定，属于公安机关依照案件事实予以自由裁量的范畴；而一般与特殊情形的认定，属于法律明定的范畴。公安机关在作出治安处罚时，可以根据治安案件的违法性质、手段、后果、社会危害性等，对违法情节的轻重作出判断和认定；而对于结伙殴打、伤害他人等特殊情形的认定，则需要严格依照法律法规的规定。

对未成年人、在校学生实施的结伙殴打、伤害他人的行为，公安机关有权依照《中华人民共和国治安管理处罚法》第四十三条第二款第一项、第十二条之规定对违法行为人进行处罚。公安机关认为上述违法行为情节较轻尚不够刑事处罚时，可经当事人同意进行调解处理。经调解，违法行为人能够主动消除或者减轻违法后果，并取得被侵害人谅解的，公安机关可不予处罚；违法行为人与受害人无法达成和解，不能取得受害人谅解的，公安机关应依法决定是否作出处罚。公安机关对实施结伙殴打他人行为的违法行为人分别作出处罚决定和不予处罚决定，并不必然存在矛盾。

编写人：山东省济南市中级人民法院　靳颖

8

旅游经营者在旅游活动中擅自变更行程安排严重损害旅游者权益的，应当承担行政责任

——甲旅行社诉某市文化和旅游局行政处罚案

【案件基本信息】

1. 裁判书字号

北京市第三中级人民法院（2020）京03行终409号行政判决书

2. 案由：行政处罚纠纷

3. 当事人

原告（上诉人）：甲旅行社

被告（被上诉人）：某市文化和旅游局（以下简称市文旅局）

【基本案情】

2018年11月14日，多人先后向被告提交《举报信》及相关材料，反映原告、乙旅行社、丙旅行社在共同组织的“9月27日—10月9日欧洲13日游轮之旅”活动中擅自变更旅游行程，严重损害旅游者权益。2018年11月15日，被告决定立案查处。

2018年11月19日，被告对涉案旅游行程的带团领队张某进行询问并制作《询问笔录》，张某在笔录中陈述，其系涉案旅游行程的带团领队，在2018年9月28日到达巴黎以后，原告通知原来的游轮取消；第二天原告向张某说了新的方案，说船方换了一个船，换了一个港口，从6晚7天变成了4晚5天，航线也发生了改变，两晚的住宿是从原来的船上换到了斯特拉斯堡；游客不同意新的方案，经与原告协调，入住了原定的酒店，临时派车安排去了阿姆斯特丹。

原告与游客在赔偿数额上未达成一致意见。

2018年11月30日，被告对乙旅行社同业部经理王某某进行询问并制作《询问笔录》，王某某在笔录中陈述，游客林某等8人是与乙旅行社签订的涉案旅游行程合同，由原告实际履行，变更行程这件事直到行程结束都没有收到原告的通知。

2018年12月4日，被告对丙旅行社法定代表人杜某进行询问并制作《询问笔录》，其陈述，游客陈某某与丙旅行社签订合同，由原告实际履行，至今为止原告也没有给丙旅行社合理的解释说明。

2018年12月14日，被告对原告法定代表人曹某进行询问并制作《询问笔录》，曹某在笔录中陈述，涉案旅游行程成团后是由原告实际出团，原告在2018年9月27中午收到船方的邮件，当时这个团的签证和机票已经出了，没办法调整，如果取消会有更大的损失，所以原告综合考虑整个行程的完整度和游客的利益，积极协调，最后船方协调更换了另外一艘4晚5天的船，剩下两晚的住宿船方安排了路上的酒店。后因为客人不同意又紧急预定了两晚客人要求的科隆的酒店，从整个成本来看其实原告付出了更多，努力去补救了；原告站在游客和其他旅行社的角度考虑选择制订了最佳的方案安排。

2018年12月28日，被告作出《行政处罚事先告知书》。随后，原告提交《关于市文旅局对我社“行政处罚事先告知书”的申诉》。2019年1月8日，被告作出《听证告知书》。随后，原告向被告提交《听证申请》。2019年1月17日，被告作出《听证通知书》及《听证公告》。2019年1月25日，被告对原告处罚案举行听证会。2019年3月18日，被告作出《行政处罚决定书》（以下简称《处罚决定书》），认定原告在旅游行程中擅自变更旅游行程安排，严重损害旅游者权益的行为，违反了《中华人民共和国旅游法》第六十九条第一款的规定，依据该法第一百条第一项的规定，给予原告罚款十万元并责令停业整顿二个月的行政处罚。原告不服，遂成讼。

【案件焦点】

原告是否在旅游行程中擅自变更了旅游行程安排以及是否严重损害了旅游

者的权益。

【法院裁判要旨】

北京市朝阳区人民法院经审理认为：第一，原告是否在旅游行程中擅自变更了旅游行程安排的问题。首先，旅游者与旅游经营者签订旅游合同的决定因素在于该项旅游产品的旅游行程安排是否满足旅游者对此次旅游活动的价值需求。旅行社应当按照旅游合同的约定履行义务，不得擅自变更旅游行程安排。其次，旅游法第六十七条规定，因不可抗力或者旅行社、履行辅助人已尽合理注意义务仍不能避免的事件，影响旅游行程，造成合同不能完全履行的，旅行社经向旅游者作出说明，可以在合理范围内变更合同；旅游者不同意变更的，可以解除合同。本案中，原告在未将不可抗力事由告知旅游者及其他组团社的情况下，私自与船方协商，造成游览活动减少、游览时间缩短。原告直至 2019 年 9 月 28 日即旅游者已到法国、旅游行程已经开始的情况下，才通过旅行团领队向旅游者进行告知，属于超越权限自作主张的行为。最后，即使如原告所述，存在涉案旅游活动的往返机票及当地酒店、用车等费用已全额付款，因不可抗力不可退还的情况，也应由旅游者自行决定是变更旅游行程还是解除旅游合同，旅游经营者无权代替旅游者进行权益判断。

第二，原告擅自变更旅游行程安排的行为是否严重损害了旅游者权益的问题。首先，作为普通消费者，能够选定某项旅游产品，并最终与旅游经营者签订旅游合同，一般取决于该项旅游产品包括旅游目的地的游览地点、游览方式以及相应的交通、住宿等核心内容。上述核心内容如果未经旅游者同意而进行了变更，势必造成旅游活动的品质降低、旅游者的旅游目的和价值无法实现，严重损害了旅游者权益。其次，涉案旅游活动系涉及多个国家、多个旅游地点、多种交通工具的境外旅游活动，旅游行程是否变更了核心内容，造成游览活动减少、游览时间缩短等、是否由此严重损害旅游者权益，具有专业性及复杂性。对此，法院应尊重旅游主管部门在专业领域的首次行政判断权。本案中，被告作为旅游主管部门，结合涉案旅游活动的行程变更内容、造成的后果及旅游者的接受程度等，认定原告的行为严重损害了旅游者权益，并无不妥。

北京市朝阳区人民法院依照《中华人民共和国行政诉讼法》第六十九条之规定，判决如下：

驳回原告的诉讼请求。

二审法院同意一审法院裁判意见。

【法官后语】

本案的核心问题在于如何理解《中华人民共和国旅游法》第一百条第一项——在旅游行程中擅自变更旅游行程安排，严重损害旅游者权益。对此存在两种不同的观点：一种观点即本案判决所采用的观点，认为在旅游行程中擅自变更旅游产品的核心内容，造成了对旅游者权益的严重损害，除应承担民事责任外，还应承担对破坏市场秩序的行政责任；另一种观点认为，本案虽存在擅自变更旅游行程安排的情形，但并未构成严重损害旅游者权益。理由如下：首先，旅游主管部门作为行政监管机关对旅游市场主体违法行为进行处罚的前提是旅游市场主体的违法行为构成了对旅游市场秩序的破坏，因此在判断是否构成严重损害旅游者权益时应当考虑是否同时造成了对旅游市场的破坏；其次，本案原告甲旅行社虽然对旅游产品的核心内容进行了擅自变更，但是并非原告主观故意进行变更，而是存在不可抗力的因素，并且在事后进行了积极补救，因此并未严重损害旅游者权益，也并未造成对旅游市场秩序的破坏，旅游者对于旅游公司未按约定履行的行为应当通过要求承担违约责任进行救济。

针对上述不同观点，笔者同意本案判决所采用的观点。笔者认为，两种观点的分歧在于如何判断在旅游行程中擅自变更旅游行程安排、是否造成旅游者权益的严重损害。对于该条法律规定应当从以下几个方面进行考虑：

一是从旅游法制定的背景及立法目的来看，我国制定专门的旅游法是为治理我国旅游业的快速发展带来的旅游市场的乱象，其立法目的在于保障旅游者和旅游经营者的合法权益、规范旅游市场秩序等。旅游者旅行目的的实现依赖于旅游经营者依约履行义务，旅游经营者在旅游行程中如果利用其优势地位擅自变更旅游行程安排，造成旅游者权益的严重损害，势必会对旅游市场秩序产生不良影响。为平衡旅游者和旅游经营者之间的不平等地位，该法的法律责任部分对旅游经营主体的该类违法行为规定了应当承担的行政责任，以此维护旅游者的合法权益并规范旅游市场秩序。

二是对于是否应当考虑旅游经营者的主观过错程度，首先，旅游法明确规定了出现不可抗力等因素导致旅游合同无法履行时，旅游经营者应当如实说明，由旅游者决定是否进行变更或者解除合同；其次，《中华人民共和国旅游法》第一百条第一项规定的是旅游经营者有“擅自”的行为，“擅自”即超越权限自作主张，主观上属于明知，因此旅游经营者对旅游行程安排擅自变更，使用不可抗力进行主观无过错的抗辩无法成立。

三是旅游者权益是否造成了严重损害的判断应当具体问题具体分析，“严重”属于程度判断，具有一定的裁量空间。因此，在司法审查阶段，司法机关应当在尊重旅游监管部门初步判断的基础上，审查旅游监管部门作出的认定是否具备一定的合理性。

具体到本案而言，本案中原告虽主张不可抗力因素导致行程改变，但是其自作主张变更行程安排，导致旅游者被迫接受变更后的行程，并且实际造成了游览路线、游览时间等核心要素的变化，被告据此认定属于严重损害旅游者合法权益具有一定的合理性，并且原告的该种行为属于对行政法规范的违反，应当承担行政责任。

编写人：北京市朝阳区人民法院　唐伟伟　李丹丹

9

食品安全添加行为的行政处罚案件中待定事实的证明标准

——科技公司诉某区市场监督管理局、某市市场监督管理局行政处罚及行政复议案

【案件基本信息】

1. 裁判书字号

北京市第一中级人民法院（2020）京01行终332号行政判决书

2. 案由：行政处罚及行政复议纠纷

3. 当事人

原告（上诉人）：科技公司

被告（被上诉人）：某区市场监督管理局（以下简称某区市监局）、某市市场监督管理局（以下简称某市市监局）

第三人：蜂业公司

【基本案情】

2019年3月8日，国家肉类食品质量监督检验中心通过对科技公司在网购平台销售的百花蜜、枇杷蜜（以下简称涉案产品）进行抽样检查，检验结论为：诺氟沙星项目不符合第2292号公告要求，检验结论为不合格。2019年7月3日，某区市监局作出行政处罚决定书（以下简称被诉处罚决定），对科技公司作出没收违法所得319.2元、罚款130000元的行政处罚。科技公司不服被诉处罚决定，向某市市监局提起行政复议。某市市监局于2019年10月16日作出第645号复议决定（以下简称被诉复议决定）。科技公司不服被诉复议决定，认为其没有非法添加之行为。两被告未举证证明存在添加行为，而是以存在违

法后果就直接推定上诉人有故意的非法行为；第三人系涉案产品的生产商，作为生产经营的企业没有添加动机。生产经营的蜂蜜是收集而来，涉案产品检出诺氟沙星完全是2017年之前蜜蜂采水或者抗病使用过诺氟沙星形成的自然残留，可能是供货时带入了。原告及第三人主观上没有过错，故提起行政诉讼，请求法院依法判令撤销被诉处罚决定以及被诉复议决定。

二审期间，科技公司提交若干证据，拟证明涉案产品检出诺氟沙星（喹诺酮类药物）不是人为添加而是兽药残留。

【案件焦点】

1. 市场监督部门在生产销售商能否构成《中华人民共和国食品安全法》第三十四条第一项“添加食品添加剂以外的化学物质和其他可能危害人体健康物质的食品”的事实认定上，应遵循何种证明标准；2. 如何看待行政相对人在听证程序中的申辩和反证在认定待证事实中的作用。

【法院裁判要旨】

北京市海淀区人民法院经审理认为：根据食品安全法第三十四条第一项等规定，科技公司销售的涉案产品中含诺氟沙星，诺氟沙星原料药的各种盐、酯及其各种制剂可能对养殖业、人体健康造成危害或者存在潜在风险，在食品动物中已停止使用。故某区市监局认为涉案产品属于添加其他可能危害人体健康物质的食品，违反了食品安全法第三十四条第一项的规定，对其违法事实的定性并无不当。科技公司认为其未主观非法添加诺氟沙星，涉案产品中含诺氟沙星系因环境带入，但涉案产品中含有诺氟沙星系客观事实，相关法律法规并未规定行政机关对食品生产经营主体的处罚以其系主观故意为要件，且科技公司未提交相关证据证明涉案产品中含有的诺氟沙星系因环境带入，对科技公司的该项主张亦不予支持。

北京市海淀区人民法院依据《中华人民共和国行政诉讼法》第六十九条、第七十九条之规定，作出如下判决：

驳回科技公司的诉讼请求。

科技公司不服一审判决，提出上诉。北京市第一中级人民法院经审理认为：本案中，科技公司销售的生产日期为 2018 年 6 月 4 日、9 月 16 日的涉案产品中含有诺氟沙星。但根据在案证据，仅存在涉案产品原料中含有诺氟沙星的可能性。某区市监局认定涉案产品含有的诺氟沙星系人为添加缺乏证据支持。其据此作出被诉处罚决定，认定事实不清，依法应予撤销。某市市监局作出的被诉复议决定，亦应一并撤销。一审法院据此作出的一审判决认定事实有误，应予纠正。科技公司的上诉请求于法有据，予以支持。

北京市第一中级人民法院依照《中华人民共和国行政诉讼法》第八十九条第一款第二项之规定，作出如下判决：

一、撤销一审判决；

二、撤销某区市监局作出的被诉处罚决定；

三、撤销某市市监局作出的被诉复议决定。

【法官后语】

本案的争议焦点为涉及食品安全添加行为的行政处罚案件中待定事实的认定标准和反证证明力问题。食品安全添加行为的认定应适用明显优势证明标准，但当相对人提出的反证达到相当证明力时，推定事实应被推翻。

1. 食品安全添加行为的认定应适用明显优势证明标准

证明标准，是指法律规定的运用证据证明待证事实所要达到的程度。我国行政诉讼法并未对证明标准作出明确的规定，但在证据理论中，证明标准被理解为负有举证责任的一方当事人，对其主张的事实予以证明所应达到的水平和程度。

在行政案件中，采用何种证明标准，对于行政执法和司法审查的取向具有决定性作用。行政行为的多样性、复杂性决定了行政诉讼无法确立一个统一的普遍适用的证明标准。通说基本倾向于以明显优势证明标准为原则，以优势证明标准和排除合理怀疑证明标准为补充。在食品安全行政处罚案件中，排除合理怀疑证明标准主要适用于责令停产停业和吊销执照等对行政相对人财产权益有重大影响的行政案件；对于适用简易程序作出处罚的案件，一般采用优势证明标准；对于依据一般程序作出的行政处罚案件，需要结合个案情况具体分析适用何种证明标准。

个案中证明标准的选择适用需要关注的因素复杂众多，但其中最主要的取决于行政行为性质、对相对人权益的影响程度、行政机关的调查取证能力。首先，本案系依据普通程序作出的行政处罚，因涉及较大的罚款数额，行政机关在作出行政处罚前，还应适用听证程序，从对相对人的权益影响考虑，应适用较高的证明标准。但是，添加系发生于食品生产制作加工过程中的行为，涉及食品生产加工链条和食品本身的制作工艺，专业性较强，如要求市场监管部门进一步证明生产经营者如何在蜂蜜生产过程中添加或在哪个环节上添加，调查取证到如此程度未免过于苛刻，亦不现实，因此市场监管部门在添加行为上的调查取证能力和行业知识的判断能力均存在一定的有限性，如采取排除合理怀疑标准，市场监督部门对此违法行为将束手无策，不利于维护食品安全秩序和打击违法行为。同时，考虑到本案系食品安全类案件，诺氟沙星系对人体健康造成危害和风险的兽药，在食品中添加诺氟沙星属于较为严重的违反食品安全秩序的行为，在价值衡量上应当充分考虑社会公共利益和消费者权益。综合考虑上述因素，本案应适用明显优势证明标准。

2. 相对人提出的反证具有相当证明力时，推定事实得以被推翻

明显优势证明标准中事实推定的心证思路体现为主要证据—推定事实—反证—排除反证或推翻推定事实的过程。当行政机关掌握的主要证据显示添加行为这一待证事实存在的可能性明显大于不存在的可能性时，法官由此对案件事实形成比较牢固的内心确信，但仍存在合理怀疑的空间，不能形成排他唯一的结论。此时，行政机关已尽到初步的证明责任，反驳推定的相对人应对推定事实的不成立承担举证责任。在审理食品安全行政处罚案件时，应当考虑到部分类型的违法行为的特殊性和专业性，在相对人对证据拥有更多支配权的情况下，应适当向相对人转移部分事实的举证义务和证明责任。具体到本案中，原告作为委托第三人生产的销售商，与第三人之间签订了委托生产协议，在蜂农的饲养、生产商与蜂农之间的采购、蜂蜜的酿造过程和原料来源方面更加专业，在

反驳推定事实时具备相应的举证能力。

对涉及较大的罚款数额的案件，行政处罚法规定了较为严格的事实认定程序，增加了听证程序。听证程序亦为赋予原告提出反证机会的重要救济程序。原告在听证程序中提出涉案产品中检出诺氟沙星系由于蜜蜂喝了含有诺氟沙星兽药的水或者抗病使用过诺氟沙星而形成了自然残留，该申辩存在一定的可能性，但尚需原告提出相关证据加以佐证，如生产厂家与蜂农签订的收购合同、蜂农在饲养蜂蜜过程中为抗病曾使用农药的事实、蜂蜜的生产保存周期等。原告在听证程序和一审审理过程中均未对此提交任何证据。因原告未提供足以证明其未添加的相反证据，一审法院未采信原告的申辩。但在二审审理中，原告提交了国家市场监督管理总局办公厅的复函、养蜂协会咨询函、农业部蜂产品中心回复函等新证据，上述证据解释了蜂蜜的生产工艺特点和人为添加兽药的技术难度，分析了在生产经营过程中蜂蜜中含有诺氟沙星的原因，形成了相对合理的证据链条，具有较强的证明力和盖然性，足以推翻诺氟沙星系人为添加的推定事实。因此，二审法院认为反证成立，并否定了诺氟沙星系人为添加的推定结论，撤销了行政处罚决定。

行政诉讼证明标准的适用在司法实践中呈现出多元性和差别适用的特点，法官需要运用逻辑推理和生活经验，注重发挥主体判断作用，根据个案中需要证明的事项和具体情形的不同，充分考虑行业特点和举证能力，才能对待证事实作出全面、客观和公正的分析判断，以最大限度接近客观真实。

编写人：北京市海淀区人民法院　陈晓　闫行冉

10

违法建设行为人已死亡情形下责令限期拆除决定的内容、形式及合法性审查

——陆甲诉某市综合行政执法局行政处罚案

【案件基本信息】

1. 裁判书字号

江苏省南通市中级人民法院（2020）苏06行终4号行政判决书

2. 案由：行政处罚纠纷

3. 当事人

原告（上诉人）：陆甲

被告（上诉人）：某市综合行政执法局（以下简称某市执法局）

第三人：陆乙、陆丙

【基本案情】

陆甲、陆乙、陆丙的父亲陆某（已故）在2001年以5000元的价格向村集体购买仓库两间，后花费约30000元进行了翻建。2018年8月15日，某市执法局以陆甲等三人为被处罚人，作出《行政处罚决定书》，责令陆甲等三人在三日内自行拆除其父亲擅自搭建的建筑物。陆甲等人不服，申请行政复议，在复议期间，某市执法局主动撤销了上述处罚决定书。因陆甲等人不同意撤回复议申请，某市人民政府作出《行政复议决定书》，认为违反规划管理秩序的行为人陆某已经死亡，陆甲及第三人并未实施违法行为，某市执法局以陆甲及第三人为被处罚人作出行政处罚决定，并不准确，遂确认上述行政处罚决定书违法。

2019年3月21日，某市执法局张贴公告，载明案涉建筑物未取得建设工

程规划许可证，违反了城乡规划法第四十条第一款的规定，属于违法建设，因搭建当事人已经死亡，故公告告知有关利害关系人到某市执法局处主张权利、接受调查或者自行拆除案涉建筑物。同年3月25日，陆甲及陆乙到某市执法局处主张权利，且表示相关材料在原行政处罚决定过程中已经提交，不再重复提交。4月2日，某市执法局作出责令限期拆除公告，并予以了张贴。公告内容为：依据《中华人民共和国城乡规划法》第六十四条及第六十八条的规定，责令该建筑物管理人自公告发布之日起一日内自行拆除上述建筑物，逾期不拆除的，某市执法局将依法拆除。责令该建筑物使用人自该公告发布之日起一日内自行腾退其使用的房屋，逾期不腾退的，所造成的后果自负。

陆甲提起行政诉讼，请求撤销2019年4月2日某市执法局张贴的责令限期拆除公告、消除影响并赔礼道歉。

【案件焦点】

被诉责令限期拆除公告认定事实是否清楚、某市执法局以作出责令限期拆除公告的方式对违法建筑予以处理是否合法。

【法院裁判要旨】

江苏省南通经济技术开发区人民法院经审理认为：某市执法局在作出责令限期拆除公告的过程中未能正确认定案涉房屋的管理人或者使用人，案涉房屋并非无法确定管理人或者使用人。陆某去世后，陆甲及第三人是上述房屋的管理人或者使用人，在行政程序中陆甲及第三人也多次主张权利，某市执法局在作出责令限期拆除公告的过程中并未正确认定陆甲及第三人为案涉房屋的所有权人或者管理人，认定事实不清。某市执法局作出“责令腾退”的决定内容无法律根据。某市执法局撤销原行政处罚决定书后重新作出被诉责令限期拆除公告，超出了法律规定的两个月的履职期限，违反了法定程序。

江苏省南通经济技术开发区人民法院依据《中华人民共和国行政诉讼法》第七十条之规定，作出如下判决：

一、撤销某市执法局2019年4月2日作出的责令限期拆除公告；

二、驳回陆甲的其他诉讼请求。

陆甲和某市执法局均不服，提出上诉。江苏省南通市中级人民法院经审理认为：被诉责令限期拆除公告中对案涉建筑物的状况进行了描述、对房屋性质进行了认定，同时也对陆甲及原审第三人主张的与案涉房屋之间的关系予以载明，该事实认定并无不当。根据相关规定，公民只有对合法财产才依法享有继承权。案涉房屋系违法建筑，因此依法不能作为合法财产予以继承。基于权利与义务相统一原则，既然陆甲及第三人不是法律意义上的权利人或受益人，更不是违法行为人，那么即使他们作为原行为人的子女实际占有该房屋，也不负有限期拆除该房屋的法律责任。陆甲及第三人是否是案涉房屋的管理人或者使用人的事实并不是某市执法局针对案涉违法建设行为作出责令限期拆除必备的事实要件。一审法院认为某市执法局未正确认定陆甲等人为房屋的所有权人或者管理人构成违法，没有法律依据。

原行政处罚被某市执法局自行撤销，且被复议机关确认违法，某市执法局在重新作出决定时选择责令限期拆除的方式消除违法状态，避免了建设行为人已死亡、无被处罚对象的执法困境。以公告形式作出，避免了将上述人员确定为限期拆除的义务主体。选择公告方式具有一定的客观原因。在实际执法过程中，陆甲及第三人进行了陈述、申辩，实体权利并未受到侵害。在公告方式不违反法律的强制性规定，也未明显侵害上诉人陆甲等人权利的情况下，人民法院不应对该方式的合法性轻易予以否定。

江苏省南通市中级人民法院依照《中华人民共和国行政诉讼法》第八十九条第一款第二项、第六十九条之规定，作出如下判决：

一、撤销一审判决；

二、驳回陆甲的诉讼请求。

【法官后语】

在社会生活中，违法搭建现象较为普遍，很多违法建设行为不能得到及时处理，违法状态持续时间较长。因而，当行政机关对违法行为进行查处时，常常出现违法建设行为人已死亡、下落不明，或者违法建筑物已几易其手等特殊情形。在此类情形下，如何确定法律责任承担者以及处理决定如何作出等，成为摆在执法人员面前一道棘手的问题。

对于违法建设行为人已死亡的情形，如果违法建设行为人在生前已经对违法建筑作出处分行为，承继者因自愿接受违法事实，享受违法行为及持续状态所带来的不法利益，自然应当承担拆除违法建筑、消除违法状态的法定责任。如果行为人生前一直占有该违法建筑，行为人死亡后，其子女等法定继承人是否负有法定的拆除义务则需要特别加以讨论。

1. 行为人的子女如未参与建设行为，一般情况下不应列为被处罚人或者责令限期拆除的义务人。根据行政处罚法的规定，被处罚人是实施违反行政管理秩序的行为人，本案中行为人的子女无实施违反规划管理秩序的行为和主观故意，被列为被处罚人显然不符合法律规定。新修订的行政处罚法未将责令限期拆除列为行政处罚的种类，但事实上责令限期拆除的决定也属于对违法行为人施加的义务，在行为人死亡的情况下不能当然赋予行为人的子女拆除违法建筑的法定义务。

2. 基于父母子女的身份关系或者生前共同生活的现实，如果子女在父母去世后继承合法财产的同时一并接受并实际居住，则应当作为实际占有、使用的利益享有者，承担拆除义务。

本案还涉及执法局采用公告的方式责令限期拆除这一做法是否合法的问题。通常情况下，行政行为应当向特定的相对人作出并送达，这是行政行为成立的基本条件。以公告方式作出，具有广而告之的特点，不具有直接性、特定性。在公权力行使过程中，应当注重保护相对人的知情权、参与权、陈述、申辩权，因此行政机关应当审慎采取公告的方式。但本案中，基于以下几点考量因素，可以肯定被诉责令限期拆除公告行为的合法性。

第一，从行政机关的角度而言，执法局先以违法建设行为人的子女为被处罚对象，该做法遭到行为人子女的抗议，也最终被复议机关否定；后采用公告的形式，既宣告了拆除的决定，又避免将行为人子女直接列为拆除的义务主体。执法局采用公告的形式具有客观原因和正当的执法目的。

第二，从法律适用角度而言，城乡规划法并未对本案中出现的这类特殊情形作出特别规定。行政机关在遵守依法行政基本原则的前提下能动执法，保证法律的有效实施，司法机关也不应无视具体案情，否定正当的执法方式。

第三，从保护私权利的角度而言，虽然执法局采用了公告的方式，但事实上并未将行为人的子女排除在执法程序之外，行为人的子女已经充分行使了陈述、申辩等权利。

本案二审的处理并非降低了对行政行为合法性审查的标准，而是充分体现了具体问题具体分析的原则，也通过本案的司法审查肯定了行政机关为破解违法建设查处中的难题而探索的一种解决方案。

编写人：江苏省南通市中级人民法院　刘海燕

11

揭露违法行为应遵循法定方式

——王某诉某市公安局某派出所、某区人民政府行政处罚及行政复议案

【案件基本信息】

1. 裁判书字号

广东省深圳市中级人民法院（2020）粤03行终967号行政判决书

2. 案由：行政处罚及行政复议纠纷

3. 当事人

原告（上诉人）：王某

被告（被上诉人）：某市公安局某派出所（以下简称某派出所）、某区人民政府（以下简称某区政府）

【基本案情】

案外人刘某某与案外人陈某某为夫妻，两人育有一子一女。子女均系未成年人。刘某某在案外人钟某某的手机上下载监控软件查看自己家中情况。因向刘某某索要被其修改的QQ密码未果，钟某某遂猜出刘某某的监控软件密码登录查看其家庭情况。2018年10月，王某和钟某某多次登录该监控软件查看刘某某家庭情况。王某下载部分视频进行剪辑合成。2018年12月22日，王某给刘某某打电话，要求其归还钟某某的QQ密码，否则将刘某某夫妻虐待女儿的视频发布到网上。因索要未果，王某在某微信公众号上发布视频，被发布的视频为多个视频剪辑合成。后上述视频被广泛转发传播。

2018年12月23日，刘某某报案，某派出所经调查，于2018年12月24日作出行政处罚决定，认定王某、钟某某偷窥、散布他人隐私，根据《中华人民共和国治安管理处罚法》之规定，决定对王某、钟某某罚款五百元。王某不服，申请行政复议，后某区政府维持了某派出所作出的行政处罚决定。王某不服，诉至法院，要求撤销行政处罚决定和行政复议决定。

另查明，陈某某因涉嫌虐待儿童于2018年12月24日被采取刑事强制措施取保候审。

【案件焦点】

王某的行为是否构成偷窥、散布他人隐私。

【法院裁判要旨】

广东省深圳市盐田区人民法院经审理认为：在案的视频资料、询问笔录、王某手机上留存的聊天记录等证据显示，王某多次登录刘某某家庭监控软件，偷窥刘某某的家庭生活；在索要QQ密码未果的情况下，将刘某某夫妻殴打女儿的视频剪辑合成后在网络散布以至被广泛传播，而未对女童的面部进行保护性处理。因此，某派出所认定王某的行为属于偷窥、散布他人隐私，同时也认定王某具有立功表现，遂对王某作出行政处罚，认定事实清楚、适用法律正确，处罚幅度并无不当。

广东省深圳市盐田区人民法院依照《中华人民共和国行政诉讼法》第六十九条、第七十九条的规定，判决如下：

驳回王某的全部诉讼请求。

二审法院同意一审法院裁判意见。

【法官后语】

王某发布虐童视频引发了社会广泛关注。虽然王某一直声称自己是伸张正义，但公安机关最终认定王某构成偷窥、散布他人隐私并给予行政处罚，这也引起了激烈的讨论，认为公安机关不应给予王某行政处罚的人也占有一定比例。因此，正确审理本案必须厘清隐私与未成年人权益保护之间的关系问题。

1. 偷窥他人隐私的判断

所谓隐私权，指的是自然人享有的私人生活安宁与私人生活信息受到保护，不受他人侵扰、知悉、使用、披露和公开的权利。本案中，王某未经许可，私自登录他人家庭监控软件，通过偷窥他人家庭隐私的方式获得视频，视频的来源不合法。

虽然刘某某在钟某某的手机上下载了监控软件，但该监控软件设置了密码，且并未告知钟某某。钟某某猜出密码进行登录，王某作为与刘某某家庭生活无关的人员，更无权登录监控软件查看刘某某的家庭日常生活。王某私自登录他人监控软件查看他人家庭生活情况属于偷窥他人隐私。

2. 揭露违法行为与未成年人权益保护的利益考量

根据《中华人民共和国未成年人保护法》第十七条第一项的规定，未成年人的父母或者其他监护人不得虐待、遗弃、非法送养未成年人或者对未成年人实施家庭暴力。根据该法第十一条第一款的规定，任何组织或者个人发现不利于未成年人身心健康或者侵犯未成年人合法权益的情形，都有权劝阻、制止或者向公安、民政、教育等有关部门提出检举、控告。本案中，刘某某夫妇多次殴打女童的行为侵犯了未成年人的合法权益。王某获知该违法行为，应当按照法律的规定向有关部门提出检举或者控告，而非在网上进行散布。

未成年人保护法旨在保护未成年人身心健康，保护未成年人的合法权益，促进未成年人在品德、智力、体质等方面全面发展。基于该立法宗旨，该法对未成年人有关身心健康的权益设定了全方位、多层次的保护，包括禁止家庭暴力、保护个人隐私等，从民事责任承担到行政处罚直至追究刑事责任，均体现了国家对未成年人各项权利的特别保护。本案王某在网上传播视频时并未对女童面部进行保护处理，以至于涉案女童的个人身份、家庭情况被大众识别，其个人遭遇被广为传播，而该遭遇却正是未成年人重要且尤须保护的个人经历，属于该女童的个人隐私。如果仅仅由于虐待儿童本身属于违法行为，行为人就不考虑保护未成年人隐私权这一法律价值追求，无视法律规定的救济途径及方式而任意散布，则无疑与法律保护的全面性和整体性原则相悖。在一定程度上，这种在网络散布其隐私的行为还会加深对未成年人的伤害。

当然，王某公布涉案视频在一定程度上也确实起到了制止虐待儿童违法行为、保护未成年人的积极作用。正因如此，公安机关在作出行政处罚决定时也给予了充分考量，认定王某具有立功情节，从而在处罚幅度上适用了较低的处罚标准。但该积极作用仅影响处罚的幅度，并不改变王某散布他人隐私的违法性。

3. 其他需要说明的问题

（1）王某散布他人隐私源于私人纠纷。其一，王某发布视频前，曾要求刘某某归还钟某某的QQ密码，且明确告知如不归还，则将其殴打女儿的视频发布到网上。其二，王某既明确知晓涉案视频中的殴打女童者是刘某某夫妻，也明确知晓被殴打的儿童是刘某某的女儿。王某完全有条件按照法律规定的途径和方式向有关部门进行检举、控告以制止该违法行为，但王某仍为了私人目的借由网络传播视频。

（2）虽然公安机关在事实认定上笼统表述为王某偷窥、散布他人隐私，但被侵害的对象并不相同，王某偷窥的是刘某某的家庭隐私，散布的则是未成年女童的隐私。而王某则是通过强调殴打未成年人属违法行为来模糊偷窥、散布隐私的违法性质。

（3）保护个人隐私与揭露违法行为均应受到法律的肯定性评析。但是，即使是揭露违法行为也应当遵循合法、正当、必要的原则，不应过度暴露他人隐私。如果行为人仅仅是无意间拍摄到了打人的违法行为视频而散布，且不涉及本案所涉的未成年人权益等法律需要特殊保护的利益，笔者认为，则行为人不构成散布他人隐私，因为此时，对于该违法行为人的隐私保护应次于揭露违法行为这一法律价值追求。

编写人：广东省深圳市盐田区人民法院　孙静

12

通过“分段购票—乘车—退部分路段票”的形式逃票构成诈骗行为

——杨某诉××铁路公安局某市公安处、××铁路公安局行政处罚及行政复议案

【案件基本信息】

1. 裁判书字号

广东省广州铁路运输中级法院（2020）粤71行终1395号行政判决书

2. 案由：行政处罚及行政复议纠纷

3. 当事人

原告（上诉人）：杨某

被告（被上诉人）：××铁路公安局某市公安处（以下简称某市公安处）、××铁路公安局（以下简称铁路公安局）

【基本案情】

杨某在“中国铁路12306”网上订购了2019年7月10日G6032次车票和G1010次车票各三张，分别为两张全票和一张儿童票。据票面信息显示：

G6032 车次 10 时 53 分从韶关站开出，于 12 时 1 分到达衡山西站；G1010 车次 14 时 16 分从衡山西站开出，于 14 时 51 分到达长沙南站。2019 年 7 月 10 日 10 时 53 分，杨某及妻儿持购买的车票从韶关站验票一致进站，乘坐 G6032 次列车。同日 12 时 1 分，列车停靠衡山西站时，杨某等三人未下车，继续乘坐该趟 G6032 次列车前往长沙南站，其间未主动向列车工作人员申明或办理补票手续。同日 12 时 37 分，杨某等三人到达长沙南站，并持 G1010 车次购票信息从该站快捷换乘通道出站，进入长沙南站内。在长沙南站等待换乘期间，杨某出于省钱的目的将 G1010 次车票办理了网上退票。杨某购买了同日 G6034 次车票，据票面信息显示：G6034 车次 15 时 22 分从长沙南站开出，于 15 时 40 分到达汨罗东站。同日 14 时 2 分，杨某等三人并未乘坐已购买的 G6034 次列车，而在长沙南站凭 G6034 次购票信息搭乘了 G486 次列车，于同日 14 时 45 分到达汨罗东站，并出示 G6034 次的购票信息出站。因与所乘车次不符，杨某等三人被汨罗东站工作人员发现上述购票、退票和乘车情况，遂向车站派出所报案。某市公安处在告知杨某处罚事实、理由、依据及相应陈述申辩权利后，于同日作出《行政处罚决定书》，根据《中华人民共和国治安管理处罚法》第四十九条之规定，决定对杨某处行政拘留五日，并处罚款五百元。

杨某不服，向铁路公安局提出行政复议申请。后铁路公安局决定维持某市公安处作出的《行政处罚决定书》。杨某仍不服，诉至法院。

【案件焦点】

杨某的逃票行为是否属于诈骗行为。

【法院裁判要旨】

广东省广州铁路运输法院经审理认为：《中华人民共和国治安管理处罚法》第四十九条的规定与刑法定义相衔接，其规定的诈骗行为，是指以非法占有为目的，用虚构事实或者隐瞒真相的方法，骗取公私财物，尚未达到刑事立案标准的行为。本案中，杨某在“中国铁路 12306”网上订购了三次列车车票，分别是韶关站至衡山西站、衡山西站至长沙南站、长沙南站至汨罗东站。杨某携妻儿从韶关站上车后，列车经停衡山西站时未下车，越站乘车至长沙南站出站后，将下午才发车的衡山西站至长沙南站车票作退票操作，再换乘列车至汨罗东站。杨某以非法占有为目的，在越站乘车出站后，作退票操作，用隐瞒真相的方法，骗取公私财物的行为，具有主观恶意，属《中华人民共和国治安管理处罚法》所规定的诈骗行为。

广东省广州铁路运输法院依照《中华人民共和国行政诉讼法》第六十九条、第七十九条的规定，判决如下：

驳回杨某的诉讼请求。

杨某不服，提起上诉。广东省广州铁路运输中级法院经审理认为：诈骗是指以非法占有为目的，用虚构事实或者隐瞒真相的方法，骗取公私财物的行为。诈骗行为的突出特点是行为人通过虚构事实、隐瞒真相等手段使被害人在认识上产生错误，以致“自觉地”将自己所有或持有的财物交付行为人或放弃自己的所有权。本案中，杨某在网上订购了 2019 年 7 月 10 日 G6032 次车票（韶关至衡山西）和 G1010 次车票（衡山西至长沙南）各三张，于当日携妻儿从韶关站上车乘坐 G6032 次列车，到达衡山西站后未下车并无票继续乘坐该次列车至长沙南站。到达长沙南站后，杨某隐瞒其已乘坐高铁从衡山西站到达长沙南站的事实，将之前购买的衡山西至长沙南 G1010 次车票在网上办理了退票，非法获利 161 元。之后杨某再次未按所购车票规定与车次搭乘列车到达汨罗东站。杨某故意隐瞒事实，造成其持有的三张 G1010 次车票尚未使用的假象，骗取 161 元退款，杨某的上述行为具有主观恶意，并且侵害了公私财物所有权与铁路正常的运营管理秩序，属于《中华人民共和国治安管理处罚法》第四十九条规定的诈骗行为。

广东省广州铁路运输中级法院依照《中华人民共和国行政诉讼法》第八十九条第一款第一项之规定，判决如下：

驳回上诉，维持原判。

【法官后语】

目前关于“逃票”的实务问题研究较少，现将该违法行为民、行、刑三责任作有效区分、合理衔接，并得出结论，以达解决这一类问题的目的，对执法、审判实务有一定参考价值。

第一，行为人无其他特殊情节，采取单纯逃避式的逃票，笔者认为，仅需承担民事责任。例如，无票乘火车的，可根据《铁路旅客运输规程》第四十四条以及《铁路旅客运输办理细则》第四十条第一款规定，除按规定补票，核收手续费以外，加收已乘区间应补票价50%。

第二，行为人采用积极手段虚构式逃票，笔者认为可以定性为治安管理处罚法第四十九条所规定的诈骗行为。但在具体量处时要作出具体区分。如果金额较小，次数不多，且积极承担民事责任，情节特别轻微、危害不大的，可以考虑结合社会危害程度，坚持处罚与教育相结合，减轻处罚或者不予处罚。如果不属于前者情形，又达不到刑事立案标准，具有一定社会危害性的，则可以根据规定给予行政处罚。

第三，行为人逃票行为存在金额较大以上情节或者其他严重情节，构成刑事诈骗罪立案标准的，根据《中华人民共和国刑法》第二百六十六条的规定定罪处罚。但应当按照《最高人民法院、最高人民检察院关于办理诈骗刑事案件具体应用法律若干问题的解释》考虑是否存在不起诉或免予刑事处罚的情节。

人民法院在审理行政案件的过程中，既要审查行政行为的合法性，也要兼顾行为的合理性。但是，司法的操作过程并非简单的“1+1=2”。案例所引发的思考，实际上是行政机关保护公私财产合法利益和社会秩序引导的价值与公民人身自由权利保护价值的衡量与取舍，同时也是司法权规范行政权行使的秩序与行政机关自由裁量权之间的衡量与取舍，是秩序与自由两个价值之间的冲突与平衡。

无可否认，对于铁路企业而言，每年存在的大量逃票现象让企业损失数以亿计，公安机关打击违法行为、保护企业合法权益，是其职权亦符合法律的规定。对于逃票行为，公安机关按照治安管理处罚法的规定处以行政处罚，能为诚信社会的构建形成正向影响。

编写人：广东省广州铁路运输法院　罗洁儒

二、行政强制

13

国有土地上房屋棚户区改造中强制拆除主体的认定

——朱某诉某区人民政府行政强制执行案

【案件基本信息】

1. 裁判书字号

北京市第四中级人民法院（2020）京04行初466号行政判决书

2. 案由：行政强制执行纠纷

3. 当事人

原告：朱某

被告：某区人民政府（以下简称区政府）

【基本案情】

据案涉房屋所有权证书记载，涉案房屋坐落于北京市，为案外人朱甲所有。2004年8月15日，朱甲订立遗嘱，指定涉案房屋的产权继承人为原告朱某。朱甲去世后，朱某取得涉案房屋的所有权。2015年7月30日，投资建设公司作出《通知》，该通知显示，根据北京市规划委员会关于北京地铁十六号线工程苏州街站、苏州桥站、国家图书馆站临时建设用地规划意见复函，受城市快轨建设管理公司、区政府的委托，投资建设公司负责承担地铁16号线海淀区段地铁苏州街站周边住宅的拆迁工作。

原告对搬迁性质、搬迁主体及补偿方案等有异议，一直未能达成补偿协议。2019 年 5 月 10 日，大批不法人员强行破坏原告家防盗门，非法进入住宅后限制原告人身自由，并将原告及家人强制迁出案涉房屋，之后对原告家的门窗进行拆除、封堵单元楼门。原告就房屋被强拆毁损一事报警后得知，原告所报警情系区政府组织的政府强拆行为。2019 年 8 月 7 日，原告发现整栋楼被夷为平地。原告再次报警，辖区民警仍告知此系政府组织的强拆活动。遂成讼。

【案件焦点】

1. 强制拆除行为性质；2. 强制拆除行为的主体应当如何认定；3. 拆除程序是否合法。

【法院裁判要旨】

北京市第四中级人民法院经审理认为：《北京市人民政府关于加快棚户区改造和环境整治工作的实施意见》规定，各区县政府是棚户区改造和环境整治的责任主体。各区县政府可通过公开招投标、邀请招标、竞争性谈判等公开方式确定具备相应资金实力、资信和资质等级的企业作为改造实施主体。各区县政府要按照国家和本市国有土地上房屋征收与补偿的相关规定，组织实施房屋征收。根据上述规定，对国有土地上棚户区改造和环境整治项目中房屋拆除应通过房屋征收补偿协议或房屋征收补偿决定等方式，由主管行政机关作出决定，并通过法定程序强制执行。任何组织在没有行政权力的前提下，不能单独实施国有土地上棚户区改造项目中房屋的拆除行为。本案中，作为民事主体的投资建设公司无行政权力实施行政行为，亦不能承担行政责任。投资建设公司的行为应当认定为接受行政机关委托而实施的，由委托的行政机关承担责任。本案中，被告区政府作出了涉案项目授权前期工作主体的批复，批准国土海淀分局进行前期工作及招标工作，因此投资建设公司实施的拆除房屋的行为，应认定为归属于行政委托人的行为，其相应的行政责任应由委托人被告区政府承担。同时根据《北京市人民政府关于加快棚户区改造和环境整治工作的实施意见》，各区县政府是棚户区改造和环境整治的责任主体，作为棚户区改造和环境整治的责任主体，被告区政府应当对投资建设公司实施的拆除房屋的行为后果承担相应的法律责任。原告未与投资建设公司达成补偿协议，也未明确同意将涉案房屋腾空并交付拆除。由投资建设公司实施的强制拆除行为既无法律法规规章的授权亦未履行相应的法定程序，应属违法，在此情况下，被告区政府将涉案房屋拆除的行为应确认违法。

北京市第四中级人民法院依照《中华人民共和国行政诉讼法》第七十四条第二款第一项之规定，判决如下：

确认区政府强制拆除朱某涉案房屋的行为违法。

【法官后语】

该案例涉及对国有土地上房屋棚户区改造过程中企业实施强制拆除行为责任主体和适格被告确定的问题。为了公共利益的需要，对于国有土地上的房屋实行征收，可采取棚户区改造等项目形式。而部分行政机关为追求效率，衍生出一系列规避法律的新举措，如由民事主体组织实施协议搬迁，然后再进行征地改造的行为。如何认定民事主体实施的强制清除行为的性质是此类案件的关键点，本案从国有土地上房屋征收的权力来源入手，遵循职权法定的原则，同时考虑行政机关事实上参与组织实施的程度，就该类行为的责任主体认定进行了分析，对国有土地上房屋征收中的新形式所引发的强制拆除行为的司法审查具有一定指导意义。

关于强拆的性质目前有两种观点：一种观点认为由民事主体进行的强制拆除房屋行为应该通过民事途径进行解决，因为在项目中没有发布征收公告等程序，当事人不具有行政法意义上的权利和义务。另一种观点则认为根据职权法定原则，实施国有土地征收和地上物拆除行为的主体应有法律法规的授权。《中华人民共和国宪法》第十条第三款规定："国家为了公共利益的需要，可以依照法律规定对土地实行征收或者征用并给予补偿。"《国有土地上房屋征收与补偿条例》第四条第一款、第二款规定，市、县级人民政府负责本行政区域的房屋征收与补偿工作。市、县级人民政府确定的房屋征收部门，组织实施本行政区域的房屋征收与补偿工作。根据上述规定，国有土地上房屋的征收主体是法定的，即地方人民政府。

企业并非实施强制清除行为的法定职权主体，而在履行征收和补偿安置的职权主体不自认的情况下，如何确定由谁承担相应的法律责任，是此类案件需要明确的地方。在征地实践中，地方政府可能利用民事主体或者其他组织采取协议拆迁等方式，规避《国有土地上房屋征收与补偿条例》规定的土地征收流程。但并不能认为此类主体因此即取得了独立实施征地补偿安置的行政主体资格，更不能认为此类主体因此还取得了以自己的名义实施强制拆除的法定职权。按照职权法定原则，在国有土地上房屋征收过程中，区县级政府应当首先被推定为适格被告；除非有相反证据或者生效裁判足以推翻上述认定。因企业并无实施强制拆除的权力，如果其作为民事主体擅自以自己的名义违法强拆，侵害物权的，除承担民事责任外，违反行政管理规定的，依法承担行政责任；构成犯罪的，依法追究刑事责任。

结合本案而言，涉案土地为国有土地，虽然采取了棚户区改造的形式，但是无法规避征收土地的本质。因此，根据本案情况，在没有法律授权依据，双方当事人未就房屋腾退达成一致意见的情况下，涉案公司实施的被诉强拆行为应认定为行政机关行使行政职权，委托其他主体实施的行政行为。拆除行为的责任应当由委托的行政机关承担，而非被委托的其他组织。本案强制拆除原告房屋的行为主体应当认定为区政府。

编写人：北京市第四中级人民法院　吴薇　王同鑫

14

交警应要求不需要翻译的外国当事人出具书面说明

——金某诉某市公安局公安交通管理局某区交通支队某大队行政强制措施案

【案件基本信息】

1. 裁判书字号

北京市高级人民法院（2020）京行终 2281 号行政判决书

2. 案由：行政强制措施纠纷

3. 当事人

原告（上诉人）：金某（非中国籍，下略）

被告（被上诉人）：某市公安局公安交通管理局某区交通支队某大队（以下简称交通大队）

【基本案情】

2019 年 9 月 6 日，金某驾驶电动自行车与案外人李某发生交通事故，李某受伤后被送往医院治疗。交通大队民警在对事故现场进行勘查后，因搜集交通事故案件证据需要，根据《中华人民共和国道路交通安全法》第七十二条第二款之规定，决定对原告的电动自行车采取扣留的行政强制措施。民警在前往医院询问李某的过程中，向金某出具扣留车辆凭证。在医院经询问后，民警作出北京市公安局交通管理局道路交通事故认定书（简易程序），认定金某对本次事故负全责。金某及案外人李某均签字确认。后民警告知金某次日即可前往停车场领取车辆。2019 年 9 月 18 日，金某将其被扣留的车辆领回。金某不服交通大队的扣车行为，向法院提起诉讼。

【案件焦点】

1. 交通大队适用简易程序扣留车辆是否违法；2. 金某不需要他人翻译时，交通大队未要求其出具书面声明是否违法。

【法院裁判要旨】

北京市第一中级人民法院经审理认为：

关于第一个争议焦点，道路交通安全法第七十二条第二款规定，交通警察应当对交通事故现场进行勘验、检查，收集证据；因收集证据的需要，可以扣留事故车辆，但是应当妥善保管，以备核查。上述条文规定了交通警察处理交通事故的职权，同时对扣留事故车辆的适用条件作出限制性规定即“收集证据的需要”，从而排除了基于“收集证据的需要”之外的目的扣留事故车辆行为的合法性。“收集证据的需要”显然需要交通警察根据事故现场的特定环境进行判断。本案中，交通大队民警在对现场进行勘验、检查后，因另有伤者被送往医院治疗，需要向其进一步核实事故情况，故民警基于进一步收集证据的需要，作出被诉扣车行为，符合上述规定。另外，并无证据证明民警系基于“收集证据的需要”之外的目的作出被诉扣车行为，故被诉扣车行为实体处理合法适当。

关于金某主张交通大队适用简易程序扣留车辆违法的问题。道路交通事故处理的简易程序与一般程序的区分系指整个程序而言，若仅就作为道路交通事故处理程序中的行政调查环节之一，且具有一定独立性的事实行为即被诉扣车行为的实体合法性评价而言，上述区分不具有太大意义。无论整个处理程序是否适用简易程序，均不影响扣留车辆行为的实施，亦不影响扣留车辆行为的实体合法性。另外，根据《中华人民共和国行政强制法》第十八条第二项规定，行政机关实施行政强制措施应当由两名以上行政执法人员实施。根据在案证据执法记录仪拍摄视频显示，交通大队确有两名民警在事故现场执法，故就被诉扣车行为而言，交通大队的处理符合上述规定，并无明显不当。金某有关被告适用简易程序作出被诉扣车行为的主张，依据不足，不予支持。

关于第二个争议焦点，《道路交通事故处理程序规定》第九十九条规定，公安机关交通管理部门在处理道路交通事故过程中，使用中华人民共和国通用的语言文字。对不通晓我国语言文字的，应当为其提供翻译；当事人通晓我国语言文字而不需要他人翻译的，应当出具书面声明。经公安机关交通管理部门批准，外国人可以自行聘请翻译，翻译费由当事人承担。上述条文系从规章层面对交管部门处理道路交通事故过程中遇有不通晓我国语言文字的当事人或其他人员时如何处理作出的规定，既是出于查明案件事实的需要，亦是保障不通晓我国语言文字的事故当事人能够充分行使程序权利并及时获得救济。根据上述条文的文本含义，对不通晓我国语言文字的当事人，提供翻译系交管部门的义务。与此相对，对当事人而言，要求交管部门提供翻译或自行聘请翻译则是其权利。对于权利的放弃，上述条文规定了严格的程式要件，即“出具书面声明”。应当认为，“出具书面声明”虽系对当事人的义务性规定，但该程序的设置旨在为交通警察判断当事人是否“通晓”我国语言文字提供基本依据，体现了对其基本表达权的尊重，亦会影响其陈述申辩权的充分行使，具有重大的实践意义，理应得到严格执行。本案中，根据在案证据执法记录仪视频内容显示，虽然事故处理过程中被告在得知金某是外籍人士后，第一时间询问其能否运用汉语正常交流，金某表示没有问题，但金某未出具书面声明，交通警察仅凭口头询问即认为原告通晓我国语言文字而未为其提供翻译的执法行为，不符合上述规定要求。考虑到被诉扣车行为已经实施完毕，故应当确认违法。

北京市第一中级人民法院依照《中华人民共和国行政诉讼法》第七十四条第二款第一项之规定，判决如下：

确认交通大队作出的扣留车辆行为违法。

二审法院同意一审法院裁判意见。

【法官后语】

我国客观上存在外籍人口与各类行政机关打交道从而引发纠纷的风险。在坚决反对外国人享有超脱于中国司法权的特权的基础上，应当注重保护外国人的合法权利，进一步增强我国对外国优秀人才的吸引力。具体到行政执法领域，语言不通不仅是执法部门查明事实、处理相关案件的一大难点，更是外国人表达自身合理诉求、维护正当权益的重大障碍。语言不通，自然无法理解行政行为将要对其造成的影响，亦无法准确表达自身诉求，遑论有效行使陈述、申辩等基本的程序性权利。

本案中，《道路交通事故处理程序规定》第九十九条第一款的规定提出了三个层次的要求：首先，要求公安机关交通管理部门在处理涉外交通事故过程中，使用中华人民共和国通用的语言文字；其次，对不通晓我国语言文字的，应当为其提供翻译，可见，提供翻译已经成为相关执法部门的一项义务，而非任由其选择是否提供；最后，当事人通晓我国语言文字而不需要他人翻译的，应当出具书面声明。这既是对当事人的义务性规定，也是交通警察在没有他人为当事人进行翻译的情况下，进行后续执法行为的前提。已如前述，此项权利关系外国人诸多基本权利。而对于语言通晓与否的判断总体较为主观，在突发交通事故的情况下，外国人的情绪波动可能较大，若当事人仅需口头表示即可放弃提供翻译的权利，在当时各项工作处理节奏较快、外国当事人急于处理完毕相关事宜的情况下，可能未能很好地保障外国当事人相关权利，或者出现事后反悔的情况，对后续执法亦可能造成相当程度的困扰。在此，规章制定者将对放弃翻译权利的要求，上升到了出具书面说明的程度，规定了严格的程式要件。这既有利于执法机关更为谨慎地对待这项当事人的重要权利，也有利于外国当事人更加慎重地作出判断，对于自身权利放弃可能带来的后果有较为清醒的认识，从根本上避免后续对外国当事人可能造成的权利侵犯以及相关的调查处理结果基础不够牢固的情况，对于展现我国严肃、人性化的行政执法形象亦有积极意义。

因此，如果该外国人只是口头表示不需要提供翻译，交警亦应当将须出具书面说明的规定向其释明，并要求其按照上述规定出具书面说明。如果当事人只是口头表示不需要翻译，交警也没有提供翻译就进入执法程序，则会导致程序违法，进而导致行政行为被撤销或者确认违法的法律后果。

中国融入世界的程度日益加深，在中国境内的外国人也日益增多，给行政机关的管理带来一定的难度。行政机关在作出涉及外国籍人的行政行为时，在已经有明确规定的情况下，应当严格按照法定程序进行执法。本案对于交警执法实践具有较强的示范作用，体现了法官“以事实为依据，以法律为准绳”的裁判标准，同时也体现了法官在解释法律和运用法律上的准确与审慎。

编写人：北京市第一中级人民法院　徐志文

三、行政许可

15

行政机关不得以增设许可条件的方式施其他行政管理之目的

——丁某诉甲市行政审批局、乙市行政审批局行政许可案

【案件基本信息】

1. 裁判书字号

江苏省南通市中级人民法院（2020）苏06行终496号行政裁定书

2. 案由：行政许可纠纷

3. 当事人

原告（被上诉人）：丁某

被告（上诉人）：甲市行政审批局（以下简称甲市审批局）

被告：乙市行政审批局（以下简称乙市审批局）

【基本案情】

2018年8月，某小区27号楼二单元丁某等业主向甲市审批局申请办理老小区增设电梯施工许可手续。同年12月，甲市审批局向该单元业主核发了《建设工程规划许可证》和《既有住宅增设电梯施工许可》。2019年4月12日，甲市审批局作出《撤销登记决定书》，以案涉小区存在违章建筑，不符合《某市既有多层住宅增设电梯指导意见（试行）》（本案以下简称《指导意见》）第

五条的规定，以申请人提供的“无违章建筑”的证明内容虚假为由撤销了前述许可证。丁某等业主不服，向乙市审批局申请行政复议，乙市审批局复议维持了《撤销登记决定书》。丁某仍不服，诉至法院，要求撤销《撤销登记决定书》。

【案件焦点】

1. 甲市审批局能否仅以存在违章建筑为由撤销已经作出的行政许可；2.《指导意见》能否作为案涉撤销行为的规范性依据。

【法院裁判要旨】

江苏省南通经济技术开发区人民法院经审理认为：甲市审批局作出《撤销登记决定书》所依据的《指导意见》将有关“无违章建筑”证明或承诺书作为许可条件，增设了法外的其他许可条件，依法不应当作为撤销涉案许可行为的规范性依据。是否存在违章建筑以及对违章建筑的查处，属于甲市综合行政执法局的职责范围，甲市审批局将小区无违章建筑作为实施许可的条件之一，属于行政行为的不当牵连，有综合执法部门借行政许可“搭便车”，以增设许可条件的方式实施城市综合行政执法管理，目的不正当。

江苏省南通经济技术开发区人民法院根据《中华人民共和国行政诉讼法》第七十条第二项、第七十九条之规定，判决如下：

一、撤销甲市审批局2019年4月12日作出的《撤销登记决定书》；

二、撤销乙市审批局2019年9月11日作出的《行政复议决定书》。

甲市审批局不服一审判决，提出上诉，后申请撤回上诉。江苏省南通市中级人民法院依照《中华人民共和国行政诉讼法》第六十二条、《最高人民法院关于适用〈中华人民共和国行政诉讼法〉的解释》第一百零一条第一款第十项之规定，裁定如下：

准许甲市审批局撤回上诉。

【法官后语】

甲市审批局撤销案涉行政许可的主要理由是依据《指导意见》第五条规

定，认为申请人所在小区存在违章建筑，申请人办理许可证时提交了物业公司出具的“无违章建筑”证明，构成提交虚假材料，以欺骗手段取得行政许可。甲市审批局的该撤销理由不能成立。

第一，规范性文件不得设定行政许可，亦不得法外增设许可条件。《中华人民共和国行政许可法》规定了许可法定原则，根据《中华人民共和国行政许可法》第十二条、第十四条、第十五条、第十七条的规定，法律、行政法规、地方性法规可以设定行政许可，地方政府规章可以设定临时性的行政许可，临时性许可期限届满需要继续实施的，应当通过地方人大制定地方性法规，其他规范性文件一律不得设定行政许可。这意味着市、县级行政主管部门制定的规范性文件，依法不得增设行政许可，对行政许可条件作出的具体规定，不得增设违反上位法的其他条件。《江苏省规范性文件制定和备案规定》第九条规定，行政机关制定规范性文件以实施法律、法规、规章的相关规定为主，并不得创设行政许可。规范性文件为实施法律、法规、规章作出具体规定的，不得违法增加公民、法人或者其他组织的义务或者限制公民、法人或者其他组织的权利。对于既有多层住宅增设电梯事项而言，尚没有现行法律、法规或地方性法规作出具体的规定。《指导意见》明确规定了既有多层住宅增设电梯需要办理建设工程规划许可证和施工许可证，则许可机关应当按照相应法律、法规规定的许可条件办理。《中华人民共和国城乡规划法》《江苏省城乡规划条例》对办理建设工程规划许可证、施工许可证的条件作出了明确规定，并没有要求申请人提交无违章建筑的证明或承诺书。甲市审批局将“无违章建筑”证明作为许可条件之一，显然属于在法律规定的行政许可条件以外另行增设新的行政许可条件，增加了申请人的法外义务，不应作为行政行为的依据。

第二，实施行政许可不得“以批代管”或不当牵连。随着我国老年人口比例逐年提高，各级人民政府及行政机关应当在日常行政管理活动中加以关切，并付之以行动。既有多层住宅增设电梯就是各地人民政府为提高老年人生活质量的有益举措，而《指导意见》是地方政府为民办实事的具体措施，一般会得到老百姓特别是老年人群的赞同。根据职权法定原则，行政机关实施行政管理的权力来源于法律法规的授权，各行政机关应当在法律法规授权的权限范围内实施行政行为，不得越权实施。行政许可机关应当按照《中华人民共和国行政许可法》的规定，按照法定的许可条件依法实施许可，对于许可违法行为，应加强监督管理，依法处罚，不能“以批代管”。同时，实施许可时不应允许其他行政机关借行政许可“搭便车”，以增设许可条件的方式实现其他行政管理之目的。《指导意见》将“无违章建筑”与实施增设电梯许可的条件捆绑在一起，即属于考虑了依法不应当考虑的因素，存在“以批代管”和“搭便车”之嫌。目前，该市关于违反规划管理方面的行政处罚权相对集中由综合执法局行使，而行政许可则相对集中由审批局依法实施，两者属于不同的行政管理机关，依据不同的法律规范，履行不同的行政管理职责。因此，将存量违章建筑的处理与规划许可捆绑在一起，属于行政行为的不当牵连，有违依法行政的基本原则。

第三，撤销行政许可应具备法定撤销理由且不违反信赖保护原则。行政行为一经作出，即具有确定力、拘束力、执行力。但对于违法或不当的行政行为以及由于事实和法律变迁而不宜存续的行政行为，行政机关同时也具有自我纠错的权利和职责。自我纠错的价值在于减少或者避免行政争议的产生，尽早结束行政行为效力的不确定状态，维持行政法律关系的稳定，增强公众对行政机关的认同和信赖。从严格依法行政的角度而言，对于确有瑕疵的行政行为，都可以通过撤销的方式予以纠正。但是从行政效率和效益的角度考虑，基于保护行政相对人的信赖利益和减少行政争议产生的考量，行政机关应当采取足够审慎的态度，只有在该行政行为的瑕疵足以影响到实质处理结果时，才采用撤销的方式进行纠错。同时还要结合行政行为在法律效果上是课以行政相对人义务亦或授予行政相对人利益，区别对待。行为仅存在轻微瑕疵但并不影响实质处理结果，或者通过补正等事后补救方式可以“治愈”，或者撤销可能会给国家利益、社会公共利益造成重大损失的，则应当考虑采取其他方式进行纠错。《指导意见》规定的申请条件之一是小区物业管理单位提供无拖欠物业管理费、无小区毁绿种菜、无楼道堆积物、无违章建筑的证明及承诺书。这说明《指导意见》授权小区物业管理单位认定小区内是否存在违章建筑。事实上，小区物业管理单位既非规划行政管理部门，亦非法律授权对违反规划管理法律法规行为的有权处罚机关，既没有认定违章建筑的法定职权，也不具备相应的规划专业技术能力去判断建筑物是否属于违章建筑。即使违章建筑确实存在，甲市审批局也可以通过告知当事人自行拆除或者有权行政机关给予行政处罚的方式进行补救，并非只有通过撤销的唯一方式来纠正。更何况，在甲市审批局作出案涉撤销决定时，增设电梯施工已接近尾声，申请人投入几十万元，更应当考虑有无其他可以采取补救的措施处理更为适宜，而不是简单地一撤了之。

编写人：江苏省南通经济技术开发区人民法院　齐海生

16

以欺骗手段取得行政许可的认定

——房地产开发公司诉某市自然资源局、某省级自治区自然资源厅行政许可及行政复议案

【案件基本信息】

1. 裁判书字号

广西壮族自治区南宁铁路运输中级法院（2020）桂71行终349号行政判决书

2. 案由：行政许可及行政复议纠纷

3. 当事人

原告（被上诉人）：房地产开发公司

被告（上诉人）：某市自然资源局（以下简称市资源局）

被告：某省级自治区自然资源厅（以下简称省资源厅）

【基本案情】

2017 年，房地产开发公司向原市规划局（现为市资源局）申请甲小区项目规划许可，同时提交了《项目规划及建筑方案设计》，其中包括建筑设计公司的日照分析报告，分析结果为："本方案满足所有小区住户住宅大寒日日照 3 小时标准要求，同时不影响用地周边相邻住宅小区 2 小时日照。"原市规划局审核并公示后，于 2018 年 4 月核发了《建设工程规划许可证》。2019 年，甲小区项目用地北侧的乙小区业主向市资源局反映，甲小区 1#楼对乙小区项目的日照产生影响，市资源局遂对此进行调查复核。2019 年 9 月 11 日，市资源局委托设计集团公司对乙小区项目进行日照分析，结论为：建设前用地北侧现状住宅均满足大寒日 2 小时日照标准；建设后，用地北侧现状住宅（乙小区一期 A#楼），受甲小区 1#楼影响，未满足大寒日 2 小时日照标准（其中由 3 小时降为 1~2 小时户数为 14 户，由 3 小时降为不足 1 小时户数为 11 户，由 2~3 小时降为 1~2 小时户数为 11 户）。

2019 年 10 月 21 日，市资源局召开听证会，房地产开发公司提出，由于甲小区 1#楼与乙小区距离超过 40 米，无需对乙小区的日照进行分析，其提交的日照分析报告只是对甲小区自身住户日照影响的结论。2019 年 11 月 27 日，市资源局作出《市资源局关于撤销建设工程规划行政许可的决定书》（以下简称《撤销行政许可决定书》），认为房地产开发公司在办理建设工程规划许可时提交了与事实不符的日照分析报告，未能如实反映相邻住宅小区日照影响情况，故根据《中华人民共和国行政许可法》第六十九条第二款的规定，撤销《建设工程规划许可证》的部分建设工程规划许可。

房地产开发公司不服《撤销行政许可决定书》，向省资源厅申请行政复议。复议期间，房地产开发公司委托广西大学设计研究院及重庆市工程设计院对甲小区项目进行日照分析。广西大学设计研究院出具《建设项目日照分析报告》仅有日照分析图，未作分析结论。重庆市工程设计院作出的《甲小区项目日照分析报告》结论是：经分析计算已建项目，未达到日照 1 小时的户数占极少数，其余均能达到 2 小时及以上日照。2020 年 3 月 26 日，省资源厅作出桂自然资复〔2019〕94号《行政复议决定书》（以下简称94号《行政复议决定书》），维持了《撤销行政许可决定书》。房地产开发公司仍不服，遂成讼。

【案件焦点】

房地产开发公司是否以欺骗手段取得行政许可。

【法院裁判要旨】

广西壮族自治区南宁铁路运输法院经审理认为：《城市居住区规划设计规范》是规划许可的技术标准，为强制性国家标准。其第5.0.2.1条规定："Ⅰ、Ⅱ、Ⅲ、Ⅶ气候区大城市日照时数为大寒日≥2小时、中小城市日照时数为大寒日≥3小时，Ⅳ气候区大城市日照时数为大寒日≥3小时。"据此，市资源局作出规划许可时，必须执行该强制性标准。故日照分析报告是申请建设工程规划许可的必备材料。本案中，虽然房地产开发公司提交的日照分析报告与事实不符，但该日照分析报告系房地产开发公司委托第三方建筑设计研究院作出，没有证据证明其构成瞒报或者欺骗。市资源局主张房地产开发公司以欺骗的手段获得行政许可缺乏事实依据。因此，市资源局根据《中华人民共和国行政许可法》第六十九条第二款"被许可人以欺骗、贿赂等不正当手段取得行政许可的，应当予以撤销"的规定作出《撤销行政许可决定书》，撤销《建设工程规划许可证》中1#住宅楼的建筑工程规划许可，适用法律错误，应当撤销，省资源厅作出的94号《行政复议决定书》也应撤销。

广西壮族自治区南宁铁路运输法院依照《中华人民共和国行政诉讼法》第七十条、第七十九条规定，判决如下：

一、撤销市资源局于2019年11月27日作出的《撤销行政许可决定书》；

二、撤销省资源厅于2020年3月26日作出的94号《行政复议决定书》。

二审法院同意一审法院裁判意见。

【法官后语】

本案的争议焦点在于房地产开发公司的行为是否构成以欺骗的手段获取行

政许可。本案中，房地产开发公司在向市资源局申请建设工程规划许可时提供的日照分析报告，与市资源局之后对《建设工程规划许可证》的调查复核结果不一致，即房地产开发公司提供的日照分析报告与实际情况不符。但不一致不代表房地产开发公司存在“欺骗”行政机关的行为。

行政机关以行政相对人以欺骗手段取得行政许可为由撤销行政许可的，法院应当结合案件查明的事实和证据，从行政相对人主观上是否存在欺瞒的故意、客观上是否实施了欺诈行为以及行政机关在作出行政许可时是否履行了审慎核查职责等方面来进行综合判断。以欺骗的手段获取行政许可应符合以下条件：第一，申请人主观上具有欺骗的故意。即申请人明知其提交的申请材料是虚假的，会导致行政机关陷入错误的认识，而希望或放任这个结果发生。若申请人由于客观条件的限制，认为自己陈述的错误事实、提供的虚假材料是真实的，其主观上并没有虚构事实的故意，此时申请人不构成故意欺骗。第二，申请人实施了欺骗行为。欺骗行为同时具有故意陈述虚假事实或提交虚假材料和故意隐瞒真实情况两个要件。申请人具有向行政机关告知真实情况的义务，如申请人明知真实情况而未告知即构成欺骗行为。第三，行政机关因欺骗行为陷入错误并作出行政许可。即行政许可的作出与申请人的故意欺骗行为之间存在因果关系。

就本案而言，日照分析报告作为专业的技术指标分析报告，需由有资质的专业机构出具。行政许可的申请人在委托专业机构对建筑的日照影响情况进行分析时，需提供建筑与周边其他建筑如楼层高度、占地面积、与相邻建筑之间的距离等相关数据以便分析。这些建筑的相关数据往往是依据行政机关或其他案外人对外公示或提供的建筑规划、图纸得出，而不是由申请人随意填写输入。在没有证据证明申请人在委托专业机构进行日照分析时，其明知自己提供的数据材料不真实或其故意虚构的情况下，不足以认定申请人构成了欺骗的主观故意并存在虚构事实、隐瞒真相的行为。因此，房地产开发公司的行为不构成以欺骗的手段获取行政许可。

非因法定事由并经法定程序，行政机关不得撤销、变更已经生效的行政决定。行政许可一经作出，即具有公定力、确定力，对于行政机关和相对人都产生约束力。行政机关在已经作出行政许可的情况下，撤销许可应当受到更加严格的限制，行政机关非因法定事由并经法定程序，不得随意撤销已作出的行政许可。行政机关以行政相对人以欺骗手段取得行政许可为由撤销行政许可的，除从行政相对人主观、客观方面来进行综合审查外，还要审查行政机关在作出行政许可时是否履行了审慎核查职责等。日照分析报告是申请建设工程规划许可的必备材料，拟建建筑不应使相邻住宅建筑日照时数小于大寒日2小时是行政许可部门应当知晓的规定，规划许可行政主管部门在对申请人的建设工程规划许可申请审核时，应当进行谨慎审查核实。行政机关以房地产开发公司以欺骗手段取得行政许可而予以撤销，根据行政许可法第六十九条第四款“依照本条第二款的规定撤销行政许可的，被许可人基于行政许可取得的利益不受保护”的规定，将会使房地产开发公司的利益不能受到保护。因此，在行政机关已经作出行政许可的情况下，法院应当对撤销许可行为的合法性进行严格审查。

编写人：广西壮族自治区南宁铁路运输法院　罗宏萍

四、行政登记

17

协助行政行为是否可诉

——酒店投资公司诉某市住房和城乡建设局行政登记案

【案件基本信息】

1. 裁判书字号

广西壮族自治区防城港市中级人民法院（2020）桂06行终25号行政裁定书

2. 案由：行政登记纠纷

3. 当事人

原告（上诉人）：酒店投资公司

被告（被上诉人）：某市住房和城乡建设局（以下简称某市住建局）

【基本案情】

2019年10月16日，广西壮族自治区防城港市中级人民法院向某市住建局送达《协助执行通知书》[（2019）桂0681执926号和（2019）桂0681执949号]，载明“（2019）桂06民终462号民事判决已发生法律效力，兹因该判决的执行，请协助：将某广场架空层C6号商铺（面积31.87平方米）办理产权登记至申请执行人陈甲、陈乙名下”。同年10月31日，被告召开办公会议，研究关于协助执行C6号商铺过户问题，会议要求由被告下属规划股将C6号商铺坐标与最新的房屋平面图进行对照整合，还原C6号商铺的具体位置。11月28日，被告分别向陈甲、陈乙、城建公司、市不动产登记局及原告酒店投资公司送达告知函，城建公司、市不动产登记局回函称无异议。陈甲、陈乙、原告酒店投资公司均回函有异议。酒店投资公司认为，C6号商铺位置的分割方案是对整个广场规划的变更，但未经法定程序，是无效的。且分割方案的作出太过随意，未明确31.87平方米是否包括公摊面积。

2020年1月3日，被告某市住建局函告法院，称建议按现在的分割方案重新下达裁定书。庭审中，被告称协助执行通知书的内容尚未执行完毕。

【案件焦点】

某市住建局协助变更登记行为是否具有可诉性。

【法院裁判要旨】

广西壮族自治区东兴市人民法院经审理认为：本案的争议焦点是被告向原告送达的告知函及随函的分割方案是否具有可诉性。《最高人民法院关于行政机关根据法院的协助执行通知书实施的行政行为是否属于人民法院行政诉讼受案范围的批复》指出，行政机关根据人民法院的协助执行通知书实施的行为，是行政机关必须履行的法定协助义务，不属于人民法院行政诉讼受案范围。但如果当事人认为行政机关在协助执行时扩大了范围或违法采取措施造成其损害，提起行政诉讼的，人民法院应当受理。本案中，被告某市住建局根据送达的协助执行通知书的内容，在法定职权的范围内，协助执行法院的生效判决，不是自主行政行为，不具有可诉性。

广西壮族自治区东兴市人民法院依照《最高人民法院关于适用〈中华人民共和国行政诉讼法〉的解释》第六十九条第一款第九项之规定，裁定如下：

驳回酒店投资公司的起诉。

酒店投资公司不服，提起上诉。广西壮族自治区防城港市中级人民法院经审理认为：某市住建局依据人民法院生效判决协助执行，是其必须履行的法定义务。本案协助执行的内容是物权变更登记，协助的结果仅是物权变动，不会导致原设计方案的任何更改，协助行为合法。酒店投资公司认为某市住建局改变了原设计方案与事实不符，其上诉理由不成立，不予采纳。

广西壮族自治区防城港市中级人民法院依照《中华人民共和国行政诉讼法》第八十九条第一款第一项的规定，裁定如下：

驳回上诉，维持原裁定。

【法官后语】

在实践中，行政机关在协助过程中扩大或者缩小范围实施或者拒绝履行造成损害、采取违法方式实施以及擅自撤销、变更已经作出的协助行为的，属于行政行为，可以提起行政诉讼；行政机关完全按照生效司法决定确定的范围且采取合法方式实施的协助行为则不可诉，在性质上可被认定为司法行为或者不产生实际影响的行为。就认定结果而言，无非是三种观点——“司法行为说”“行政行为说”“两可行为说”。

“司法行为说”认为，行政机关协助司法机关的行为，不论是否合法，对当事人权利、义务有何影响，在性质上都属于司法行为，因为它是司法权力和司法行为的延伸，它反映的是司法机关的意志，而不是行政机关本身的意志。某市住建局送达《关于协助执行某广场C6商铺分割方案的告知函》及所作出C6号商铺位置分割方案的行为在性质上属于执行人民法院已生效裁判的司法行为，酒店投资公司要求对某市住建局协助执行人民法院生效判决的行为进行合法性审查，事实上就是要求人民法院对已被生效裁判羁束的争议进行审查。如果酒店投资公司认为某市住建局的协助执行行为侵犯其合法权益，应当针对人民法院生效裁判通过审判监督程序寻求救济。

“行政行为说”认为，行政机关协助司法机关的行为，是由行政机关作出的行为。基于行政职权的独立性，无论在什么状态下，都属于行政行为。某市住建局还原C6号商铺的具体位置等是其实施协助变更登记行为的管理职能、依据行政法律规范独立履行法定职责的表现，形式上是否依据民事判决等作出并不影响其行政行为性质。故某市住建局依据生效的裁判文书作出的行为是可诉的具体行政行为。

“两可行为说”认为，行政机关协助司法机关的行为性质不能一概而论，它可能是行政行为，也可能是司法行为，须依一定标准针对不同情况作不同判断。即依据的标准是该协助行为“是否合法”，包括“是否超越权限”。行政机关对司法的协助行为没有超越协助权限，也无其他违法现象的，该行为是司法行为的延伸，属司法行为；相反，行政机关超越协助权限或有其他违法情形的，超越协助权限部分，或有其他违法部分的行为，属于代表行政机关自身意志的行政行为。最高人民法院诸多司法解释均表明了这一观点，如《最高人民法院关于适用〈中华人民共和国行政诉讼法〉的解释》第一条第二款第七项规定，行政机关根据人民法院的生效裁判、协助执行通知书作出的执行行为不属于可诉的行政行为，但行政机关扩大执行范围或者采取违法方式实施的，则属于可诉的行政行为。这是以协助行为“是否合法”作为区别司法行为与行政行为的标准。

笔者同意“两可行为说”，某市住建局依据协助执行通知作出的C6商铺分割方案及告知函，属于协助变更登记行为，是行政机关必须履行的法定协助义务，协助执行的内容是物权变更登记，协助的结果仅是物权变动，不会导致原设计方案的任何更改，而酒店投资公司认为某市住建局改变了原设计方案与事实不符，未提供证据证明协助变更登记行为超出了执行通知要求协助执行的范围或违法采取了其他措施并造成其损失，协助行为合法，不属于人民法院行政诉讼受案范围。因此，某市住建局的协助执行行为不具有可诉性。

实际上，以协助行为对当事人权利义务是否产生实际影响为标准认定协助行为的法律属性，和以协助行为是否违法作为区分司法行为与行政行为的标准，在理论上是相通的，仅仅是表述的不同。本案中，某市住建局所实施的行为合法，未对酒店投资公司等权利义务产生影响，则该协助行为定性为司法行为。

编写人：广西壮族自治区东兴市人民法院　徐丽廷

18

工商登记机关对错误的公司登记负有自我纠错义务

——王某诉某市某区行政审批局行政登记案

【案件基本信息】

1. 裁判书字号

江苏省南通市中级人民法院（2020）苏06行终34号行政判决书

2. 案由：行政登记纠纷

3. 当事人

原告（被上诉人）：王某

被告（上诉人）：某市某区行政审批局（以下简称某区审批局）

第三人：袁某、商务咨询公司

【基本案情】

2015年9月14日，袁某持签署有“王某”字样的公司登记（备案）申请书、指定代表或者共同委托代理人授权委托书、股东决定、公司章程等申请材料向某区市场监管局申请设立登记商务咨询公司。某区市场监管局于2015年9月21日作出《公司准予设立登记通知书》，准予公司设立登记，公司名称为商务咨询公司，法定代表人姓名为王某，注册资本为100万元人民币，公司类型为有限责任公司（自然人独资），经营范围为商务咨询、财务咨询、税务咨询、会计咨询、企业管理咨询。

2017年4月，某区市场监管局原有关公司设立登记的行政许可职能划入某区审批局。2019年5月9日，王某申请对申请材料中公司登记（备案）申请书、指定代表或者共同委托代理人授权委托书、股东决定中“王某”签名是否系其本人书写进行司法鉴定。经依法委托司法鉴定机构进行司法鉴定，2019年8月13日，司法鉴定机构作出《司法鉴定意见书》，意见为根据现有样本材料检验，日期均为2015年9月14日的公司登记（备案）申请书、指定代表或者共同委托代理人授权委托书、股东决定上“王某”签名字迹与比对材料字迹不是同一人书写。

【案件焦点】

某区审批局是否存在因申请人隐瞒有关情况或者提供虚假材料导致登记错误，在诉讼中未依法予以更正的行为。

【法院裁判要旨】

江苏省南通经济技术开发区人民法院经审理认为：袁某向工商登记管理机关申请设立登记时提供了虚假材料，王某对于公司设立登记并不知情，也未在申请材料上签过字，此前从未来过南通。2013年9月，王某因身份证遗失重新办理过身份证，而办理公司登记所使用的王某的身份证却是2012年办理的，进一步说明公司设立登记并非王某的真实意思表示，故案涉登记应予撤销。

江苏省南通经济技术开发区人民法院依照《中华人民共和国行政诉讼法》第七十条第一项、《最高人民法院关于适用〈中华人民共和国行政诉讼法〉的解释》第七十九条第二款之规定，判决如下：

撤销某区审批局作出的《公司准予设立登记通知书》。

某区审批局不服，提出上诉。江苏省南通市中级人民法院经审理认为：《最高人民法院关于审理公司登记行政案件若干问题的座谈会纪要》第一条明确，因申请人隐瞒有关情况或者提供虚假材料导致登记错误的，登记机关可以在诉讼中依法予以更正……登记机关拒不更正的，人民法院可以根据具体情况判决撤销登记行为、确认登记行为违法或者判决登记机关履行更正职责。《国家市场监督管理总局关于撤销冒用他人身份信息取得公司登记的指导意见》第三条明确，人民法院生效判决或裁定已认定冒名登记事实的，登记机关应作出撤销登记决定。最高人民法院会议纪要针对的是审理公司登记行政案件这一特定情形中登记机关的更正行为，而国家市场监督管理总局的指导意见中的“人民法院生效判决或裁定”，则不限于起诉公司登记行政行为的案件，还可以包括其他相关案件，故二者在适用上并不存在冲突之处。在法院对公司登记行政案件尚未作出判决前，登记机关应当根据诉讼中形成的证据和事实，作出是否予以更正的处理决定，而不是由法院作出通知或者判决是否予以更正。本案中，2015 年 9 月 14 日，袁某持签署有“王某”字样的公司登记申请材料向某区审批局申请设立登记商务咨询公司，经司法鉴定机构进行司法鉴定，公司登记申请材料中“王某”签名字迹与比对材料字迹不是同一人书写，王某否认其委托袁某进行公司登记，并提交了其 2013 年 9 月因身份证遗失重新办理身份证的证据。各方当事人也没有提交其他证据证明王某存在委托他人进行公司登记、明知公司登记事实或者在公司登记后从事过经营管理活动的行为。由于某区审批局并未撤销案涉公司登记，一审法院认为本案属于申请人袁某提供虚假材料导致公司登记错误的情形，判决撤销某区审批局作出的《公司准予设立登记通知书》，并无不当。

江苏省南通市中级人民法院依照《中华人民共和国行政诉讼法》第八十九条第一款第一项之规定，作出如下判决：

驳回上诉，维持原判。

【法官后语】

市场监管部门着力提高市场准入便利化程度，为公司登记提供便利之时，也给少数人提供了可乘之机，“被公司”“被老板”等冒用他人身份注册公司引发的纠纷时有发生，干扰了正常的公司登记注册秩序。公司登记机关对于错误的公司登记，有自我纠错的权力和职责。明确错误公司登记行为的自我纠错和司法审查标准以及登记错误与赔偿责任之间的衔接和区别，对促进公司登记机关依法自我纠错、维护利害关系人的合法权益、维护正常的商业秩序均有重要意义。

1. 公司登记机关对公司登记的审查义务

公司登记机关对公司设立登记负审慎审查义务，即介于形式审查和实质审查之间的一种义务。是否尽到了审慎审查义务，一般可从以下行为进行判断。一是是否依照法律规定的流程履行了登记程序。登记机关依照法律规定或者行政机关自行公示的登记流程履行了登记程序是认定审慎审查义务的基本要件，如要求申请人提交了符合法定形式的所有材料，履行了问询、身份核对等程序。二是是否尽到了符合常理的注意义务。登记机关对于申请人提交的材料，具有初步识别判断义务，此种义务是基于一般人的理性、经验、常识等就可以作出正确判断的义务。例如，对于很明显的虚假签名，一般人皆能看出与真签名不一致的，或者对于比较容易辨别的、伪造的印章，登记机关应当具有基本的分辨、比对的审核常识。

2. 公司登记错误时登记机关自我纠错义务

要求登记机关对每一个申请登记行为都进行实质审查，探究申请人的真实意思表示，既不利于行政效率的实现，也与转变政府职能、深化行政审批制度改革精神相悖。因此，应当完善对登记错误的嗣后“纠错机制”，及时撤销或者变更登记，以维护正常的行政法律关系。

（1）行政程序中的自我纠错

《国家市场监督管理总局关于撤销冒用他人身份信息取得公司登记的指导意见》明确规定了冒用身份信息取得公司登记的受理、核查以及撤销程序。登记机关调查认定冒名登记基本事实清楚，或者公司和相关人员无法取得联系或不配合调查且公示期内无利害关系人提出异议，登记机关认为冒名登记成立的，应依法作出撤销登记决定。有证据证明被冒用人对该次登记知情或事后曾予追认，或者公示期内利害关系人提出异议经调查属实，登记机关认为冒名登记不成立的，应依法作出不予撤销登记决定。人民法院生效判决或裁定已认定冒名登记事实的，登记机关应作出撤销登记决定。

（2）诉讼程序中的自我纠错

《最高人民法院关于审理公司登记行政案件若干问题的座谈会纪要》第一条明确，因申请人隐瞒有关情况或者提供虚假材料导致登记错误的，登记机关可以在诉讼中依法予以更正。上述条文是关于登记机关在诉讼过程中，对错误的公司登记予以自我纠错的规定。实践中，登记机关在行政程序中并未发现登记错误，或者利害关系人未向登记机关提出申请，而是直接提起诉讼。在此情况下，应当允许登记机关自我纠错。行政诉讼法第七十四条第二款第二项规定，被告改变原违法行政行为，原告仍要求确认原行政行为违法的，人民法院判决确认违法，但不撤销行政行为。而上述会议纪要则规定驳回诉讼请求，主要是考虑到，如果登记机关已尽到审慎审查义务，在登记过程中并无过错，不宜认定行为的违法性。

（3）法院判决纠错

《最高人民法院关于审理公司登记行政案件若干问题的座谈会纪要》明确，登记机关拒不更正的，人民法院可以根据具体情况判决撤销登记行为、确认登记行为违法或者判决登记机关履行更正职责。实践中，如果行政机关不同意更正，法院可以作出撤销或者变更判决；如果登记行为依法应当撤销，但撤销会给国家利益、社会公共利益造成重大损害的，可以作出确认违法判决。

3. 公司登记错误时登记机关的赔偿责任

错误的公司登记，有时可能会损害利害关系人的合法权益。在此情况下，应当根据具体情形判断登记机关的赔偿责任。行政赔偿通常适用的是“违法归责原则”，即行政行为违法才产生赔偿责任。但严格适用违法归责原则有时并不能有效保护当事人的合法权益，因为违法归责原则混淆了对行政行为进行违法性评价和责令其负担损失这两项不同阶段的任务，是否违法和能够赔偿是两个完全不同的概念，也具有不同的构成要件和救济程序。如果登记机关已尽到审慎审查义务但拒不更正，原登记行为的合法性将会受到否定性评价。但《最高人民法院关于审理公司登记行政案件若干问题的座谈会纪要》明确，因申请人隐瞒有关情况或者提供虚假材料导致登记错误引起行政赔偿诉讼，登记机关与申请人恶意串通的，与申请人承担连带责任；登记机关未尽审慎审查义务的，应当根据其过错程度及其在损害发生中所起作用承担相应的赔偿责任；登记机关已尽审慎审查义务的，不承担赔偿责任。由此可见，登记机关是否赔偿，与登记行为是否违法无关，而与登记机关是否尽到审慎审查义务有关。因此，登记机关的赔偿责任不适用违法归责原则，而应适用过错推定原则，登记机关应举证证明其在登记过程中尽到了审慎审查义务或者不存在与申请人恶意串通的情形，如果未能证明其尽到了审慎审查义务，则应当就其过错程度及其在损害中发生的作用承担举证责任。

编写人：江苏省南通市中级人民法院　张祺炜

19

收养登记行为的司法审查应以实质审查为标准

——周某、王某诉某市民政局行政登记案

【案件基本信息】

1. 裁判书字号

江苏省南通市中级人民法院（2020）苏06行终171号行政判决书

2. 案由：行政登记纠纷

3. 当事人

原告（被上诉人）：周某、王某

被告：某市民政局

第三人（上诉人）：包某、郑某

第三人：小包子（化名，下略）

【基本案情】

2016年4月21日，周某、王某经法院调解离婚，婚生子随周某生活。周某将其子委托给其朋友金某的母亲崔某代为照顾。此后，因无法联系到周某，2017年2月14日，金某报警称其母亲在家门口捡到一男婴。派出所将该男婴交由某市社会福利院代养，该福利院在当地晚报刊登寻找弃婴生父母公告，期

满无人认领。后派出所向某市民政局出具捡拾弃婴（儿童）报案证明，在查找弃婴（儿）生父母经过及结果一栏记载“经调查未找到弃婴亲生父母”。同年5月31日，某市社会福利院为被捡拾婴儿取名小包子，并为其申报户口。6月12日，派出所为小包子办理了户口登记。6月30日，包某、郑某向某市民政局提出申请，要求收养小包子。同日，某市民政局为收养人包某、郑某，被收养人小包子办理了收养登记。周某从外地打工回来后，得知其子已被他人收养，遂向某市民政局申请撤销案涉收养登记，但未获支持。周某、王某提起行政诉讼，请求撤销某市民政局作出的案涉收养登记。

【案件焦点】

1. 小包子是否符合被收养的法定条件；2. 被诉收养登记行为是否符合法定程序；3. 某市民政局在办理收养登记时是否依法履行了审查义务。

【法院裁判要旨】

江苏省南通经济技术开发区人民法院经审理认为：金某所称小包子系被捡拾的说法存在疑点，小包子并非父母不详的婴儿，小包子不符合法定的收养条件。在知晓小包子父亲姓名的情况下，行政机关应穷尽可以找到小包子生父母或其他监护人的一切手段，不宜径行公告，亦不宜以生父母未在公告期内认领而将小包子视为查找不到生父母的弃婴。

江苏省南通经济技术开发区人民法院依照《中华人民共和国行政诉讼法》第七十条第一项之规定，判决如下：

撤销某市民政局发放的收养登记证。

包某、郑某不服，上诉称周某、王某在长达数月的时间内对仅有数月大的婴儿不闻不问，构成遗弃罪。弃婴（儿童）报案证明、当地晚报寻亲公告等证据材料形成了完整的证据链，能够证明小包子属于弃婴，符合法定的收养条件。请求二审法院撤销一审判决，依法改判。

江苏省南通市中级人民法院经审理认为：本案所涉收养关系建立的基础事实源于金某报警的内容，因报警内容虚假，故小包子不属于查找不到生父母的弃婴，不符合收养的条件。包某、郑某提出收养申请的当日，某市民政局未办理公告即发放了收养登记证，违反了法定程序。某市民政局在办理收养登记时未依法履行审查义务，对公安机关提供的捡拾弃婴（儿童）报案证明等材料审查流于形式，未能对申请材料存在的疑点进行核实，当属怠于履行审查职责。

江苏省南通市中级人民法院依照《中华人民共和国行政诉讼法》第八十九条第一款第一项之规定，判决如下：

驳回上诉，维持原判。

【法官后语】

父母子女之间这种天然的身份关系是当事人的固有性权利，非因合法事由，非经法定程序，不可剥夺。就本案而言，在法律适用层面需要对以下问题加以明确：一是收养登记行为的法律属性；二是收养登记行为的司法审查标准；三是收养登记行为的司法审查路径。

1. 收养登记行为的法律属性

通说认为，收养登记行为属于行政确认。具体而言，收养法律关系中，存在民事和行政双重法律关系：一是当事人之间的民事法律关系；二是收养登记机关与收养当事人之间的行政法律关系。前者是后者的基础，后者是对前者合法性的审查与确认。行政机关作出收养登记行为必须以能够反映真实权利和身份关系的事实为依据，否则便会造成对基础事实的扭曲与背离。

2. 收养登记行为的司法审查标准

我国现有规定并未明确收养登记采形式审查还是实质审查，此种规则上的语焉不详致使收养登记机关常常在“效率”与“真相”之间左右徘徊。需要澄清的是，收养关系的确立关乎未成年人的实体权益，关乎家庭关系的和睦稳定，也关乎整个社会秩序的和谐安宁。基于此，收养登记机关应尽审慎职责，通过实质审查剔除危害伦理秩序稳定、侵害未成年人利益的行为。此外，民法典第一千零四十四条将最有利于被收养人的原则确立为收养法律规范的基本原则，不仅体现出立法者对未成年权益保护的高度关注，也为行政登记机关履行职责提供了规则指引，即对直接引起身份关系变动的行为，行政机关应倾注更高的注意义务。

3. 收养登记行为的司法审查路径

主要集中于两个方面：一是实体上判断收养登记机关是否依法履行了审查职责；二是收养登记程序是否符合法律规定。

实体方面，首先，应当主要审查各主体是否适格，如被收养人是否为“查找不到生父母的弃婴”、是否符合被收养的条件、收养人是否符合法定条件等。其次，应审查当事人是否达成了收养合意。对于年满特定年龄的未成年人，还应核实未成年人本人的真实意愿。对此，收养登记机关可以通过调查询问等方式予以核查。最后，综合判断收养登记机关是否履行了法定职责，包括收养登记机关对申请材料是否进行了实质审查、是否符合法律规定的收养条件，将审查触角尽可能伸至原始证据层面。对申请材料中存在的疑点，应充分发挥主观能动性，结合日常生活经验及执法办案经验，从细枝末节中去发现可能存在的疑点，并围绕有效线索开展调查，以最大限度地揭开事实真相，以查明各方当事人是否符合收养的法定条件。本案中，某市民政局错误地将周某寄养的婴儿认定为查找不到生父母的弃婴，并确认了收养关系，属于未依法履行审查职责。

程序方面，行政程序包括行政机关作出行政行为的方式、步骤、顺序和时限。我国关于收养登记流程的规范性文件有《中国公民收养子女登记办法》《收养登记工作规范》等，其中就审查期限、公告程序、解除程序等作出了明确规定，行政机关应当严格遵守，不得随意变通和逾越。如《中国公民收养子女登记办法》第七条第二款规定，收养查找不到生父母的弃婴、儿童的，收养登记机关应当在登记前公告查找其生父母；自公告之日起满60日，弃婴、儿童的生父母或者其他监护人未认领的，视为查找不到生父母的弃婴、儿童。本案中，发出公告的主体是社会福利院而非某市民政局，显然，办理公告主体不符合法律规定，违反了法定程序。

编写人：江苏省南通市中级人民法院　高鸿　张娟娟

20

线上审批意见的性质认定及可诉性分析

——管理咨询公司诉某区市场监督管理局行政登记案

【案件基本信息】

1. 裁判书字号

北京市海淀区人民法院（2020）京0108行初169号行政判决书

2. 案由：行政登记纠纷

3. 当事人

原告：管理咨询公司

被告：某区市场监督管理局（以下简称某区市监局）

【基本案情】

管理咨询公司于2020年1月14日通过北京市企业登记e窗通服务平台向某区市监局提出变更经营范围的申请。2020年1月14日，北京市企业登记e窗通服务平台显示如下审批信息："1. 您申请增加的经营项目中有涉及培训类的项目，依据《工商总局关于调整工商登记前置审批事项目录的通知》及《中华人民共和国民办教育促进法》的有关规定，营利性民办培训机构许可为法律明确的登记前置审批事项，申请登记需县级以上人民政府教育行政部门、县级以上人民政府劳动和社会保障行政部门先行审批，如已取得相关部门许可文件，请在经营范围中或备注说明中注明文件文号，并在正式提交材料时提交相关批准文件。2. 健身休闲活动与健身服务重复，文化活动服务与组织文化艺术交流活动重复，建议保留健身休闲活动、组织文化艺术交流活动。3. 文艺创作与表演请规范为文艺创作、文艺表演。4. 如有问题请拨打咨询电话。"同时某区市监局将管理咨询公司的申请通过系统退回，要求管理咨询公司修改。管理咨询公司不服，提起行政诉讼。

【案件焦点】

1. 被告作出的审批意见是否属于一次性补正告知的阶段性行政行为、是否因此可诉；2. 管理咨询公司提出的企业经营范围变更申请是否符合法定核准条件；3. 国民经济行业分类标准是否可以作为公司经营范围许可的审查标准；4. 公司经营范围变更是否受民办教育促进法调整。

【法院裁判要旨】

北京市海淀区人民法院经审理认为：关于被告作出的审批意见是否属于一次性补正告知的阶段性行政行为，并是否因此可诉。某区市监局的审批意见对增加的涉及培训类项目是否予以核准已经具有明确的结论，即营利性民办培训机构许可为法律明确的登记前置审批事项，申请登记需县级以上人民政府教育行政部门、县级以上人民政府劳动和社会保障行政部门先行审批，并在正式提交材料时提交相关批准文件，其实质是若无法提交前置批准文件则不予核准。同时，办理变更登记需提前通过网络进行预约申请，若不能提交前置审批文件，则系统会重复退回修改，故某区市监局作出的审批意见具有明确的结论且已经对管理咨询公司的权益产生实际的影响，具有可诉性。对某区市监局有关其退回修改的审批意见属于一次性告知的阶段性行政行为、不具有可诉性的答辩理由不予采纳。

关于管理咨询公司提出的企业经营范围变更申请是否符合法定核准条件。公司登记管理条例第二十七条第三款规定，变更登记事项依照法律、行政法规或者国务院决定规定在登记前须经批准的，还应当向公司登记机关提交有关批准文件。《企业经营范围登记管理规定》第四条规定，企业申请登记的经营范围中属于法律、行政法规或者国务院决定规定在登记前须经批准的经营项目的，应当在申请登记前报经有关部门批准后，凭审批机关的批准文件、证件向企业登记机关申请登记。该规定第十三条第一项规定，企业申请的经营范围中属于前置许可经营项目，不能提交审批机关的批准文件、证件的，企业登记机关不予登记。依据上述法规规章的规定，企业申请变更经营范围应当向工商行政管理部门提出申请，办理变更登记；经营范围中属于前置许可经营项目的，应当经有关部门批准后，凭批准文件、证件申请变更登记；不能提交审批机关的批准文件、证件的，登记机关不予登记。

民办教育促进法第十二条规定，举办实施学历教育、学前教育、自学考试助学及其他文化教育的民办学校，由县级以上人民政府教育行政部门按照国家规定的权限审批；举办实施以职业技能为主的职业资格培训、职业技能培训的民办学校，由县级以上人民政府人力资源社会保障行政部门按照国家规定的权限审批，并抄送同级教育行政部门备案。依据民办教育促进法，营利性民办学校（营利性民办培训机构）办学许可系法律明确的工商登记前置审批事项。本案中，管理咨询公司作为营利性民办培训机构欲开展文化艺术教育培训类经营活动，应当取得办学许可。该办学许可属于法律明确的工商登记前置审批事项。管理咨询公司在申请经营范围变更时未提交审批机关的前置许可文件，不符合法定核准条件，某区市监局的处理决定并无不当。

针对管理咨询公司关于企业变更经营范围不属于民办教育促进法规范范围，企业经营范围与民办学校办学许可资质不属于强制归属关系的主张，根据民办教育促进法相关规定，国家机构以外的社会组织或者个人，利用非国家财政性经费，面向社会举办学校及其他教育机构的活动，应受民办教育促进法规范。“学校”“企业”“公司”等称谓的不同，并不是区分是否应受法律规范约束的标准。本案中，管理咨询公司作为国家机构以外的社会组织、利用非国家财政性经费注册设立的公司法人，其欲开展非学历文化艺术教育培训活动，应当受民办教育促进法的规范，应当取得办学许可。

针对管理咨询公司关于企业经营范围登记应适用《国民经济行业分类》，该分类并未明确规定前置审批要求的主张，首先，国家标准分为强制性国家标准和推荐性国家标准，强制性标准必须执行，国家鼓励采用推荐性标准，而《国民经济行业分类》系推荐性国家标准，不属于必须执行的国家标准；其次，依照公司登记管理条例第十五条“公司的经营范围由公司章程规定，并依法登记。公司的经营范围用语应当参照国民经济行业分类标准”的规定，公司的经营范围用语是应当参照国民经济行业分类标准，但对于公司经营范围的审查应当具体衡量其是否符合法律、法规的相关规定，而不能以是否与《国民经济行业分类》列举的项目对应作为是否核准公司经营范围的唯一标准。

北京市海淀区人民法院依照《中华人民共和国行政诉讼法》第六十九条之规定，判决如下：

驳回管理咨询公司的全部诉讼请求。

【法官后语】

1. 在行政活动信息化背景下，如何界定行政机关是否作出行政行为

行政活动信息化改变了传统行政行为作出的步骤及“行为外观”。行政机关依托信息平台一方面可以提高行政活动的效率，但另一方面模糊了行政行为是否作出的判断标准。在传统行政活动中，行政行为的作出通常伴随着行政机关工作人员与行政相对人互动性沟通，并辅以相应的书面载体。但在信息平台上，行政行为的作出通常是既定系统设置的单向线性输出。本案中，被告认为审批退回系行政许可中的一次性告知，不具有可诉性，但通过了解被告系统如何操作后可以发现，如若原告无法补正相关材料，系统会反复退回，且并不会出具任何书面告知。如采纳行政机关的答辩意见，认为该行为不具有可诉性，这必然令采用线上办理的行政相对人陷入无法办理手续而又无法通过诉讼来寻求救济的困境。故在此类案件中，应结合系统操作，对行政行为是否作出进行实质判断。

2. 推荐性国家标准的适用范围及效力问题

强制性国家标准是保证人体健康、人身、财产安全的标准和法律及行政法规规定强制执行的国家标准。推荐性标准是指生产、检验、使用等方面，通过经济手段或市场调节而自愿采用的国家标准，企业在使用中可以参照执行。本案中，《国民经济行业分类》系推荐性国家标准，是对公司经营范围用语的定义或说明规范，并非对变更经营范围的审查规范。针对公司经营范围许可的问

题，应当依据行政许可法等规范进行审查。

3. 民办教育促进法的调整对象不以其具体称谓作为区分标准

民办教育促进法所称的民办学校包括依法举办的其他民办教育机构，且满足以下三个要素：一是国家机构以外的社会组织或个人；二是资金来源为非财政性经费；三是面向社会举办。故判断一个主体是否受民办教育促进法调整，需充分结合上述三方面内容，不能仅凭名称、工商登记信息、经营范围等确定。本案中，原告虽名为“公司”，但根据其提供的证据材料及庭审中的询问内容可知，原告实际系营利性培训机构，符合民办教育促进法中对民办学校的界定。

编写人：北京市海淀区人民法院　冯安琪

五、政府信息公开

21

当事人申请获取不动产变更登记的相关信息或公开行政机关作出某一行政行为的法律依据，不属于政府信息公开调整的范围

——付某诉某市规划和自然资源委员会政府信息公开案

【案件基本信息】

1. 裁判书字号

北京市通州区人民法院（2020）京 0112 行初 257 号行政裁定书

2. 案由：政府信息公开纠纷

3. 当事人

原告：付某

被告：某市规划和自然资源委员会（以下简称市规自委）

【基本案情】

付某是北京市昌平区某院宅基地使用权人。1996 年 9 月 30 日，付某与刘某签订《购房协议书》，将上述宅基地上的房屋卖与刘某。1996 年，原北京市昌平区土地管理局将上述宅基地使用权人变更为刘某。付某认为刘某为非农业户口的城市居民，不具有购买农村宅院和房屋的资格，规土部门将涉诉宅基地

使用权人变更为刘某的行为违法，故于2019年9月19日向市规自委昌平分局邮寄《关于“申请贵委公开某处宅基地使用权人由付某变更为刘某的全部档案卷宗资料及公布宅基地使用权变更的法律法规及政策依据”申请书》，要求公开上述申请事项。2019年10月16日，市规自委昌平分局于向起诉人送达《回复》，告知付某：“一、关于要求公开宅基地使用权人由付某变更为刘某的档案资料情况。不动产登记资料查询以及户籍信息查询、工商登记资料查询等，属于特定行政管理领域的业务查询事项，其法律依据、办理程序、法律后果等与《中华人民共和国政府信息公开条例》所调整的政府信息公开行为存在根本性差别。当事人依据《中华人民共和国政府信息公开条例》申请这类业务查询的，告知其依据相应的法律法规规定办理。依据《中华人民共和国政府信息公开条例》第三十六条第七项规定，所申请公开信息属于工商、不动产登记资料等信息，有关法律、行政法规对信息的获取有特别规定的，告知申请人依照有关法律、行政法规的规定办理。你申请获取的‘付某变更为刘某的档案资料’，可以通过不动产登记资料查询的方式获取。为减少申请人的申请负担，经查询我局档案，未查询到你要求获取的相关资料。二、关于要求公布的宅基地使用权变更的法律法规及政策依据问题。你提出的此问题属于咨询类事项，由于未查到相关变更登记资料，故我局无法就当时的宅基地使用权变更的法律法规及政策依据予以解答。”据付某自述，后其再次到被告提供的查询地点查询，亦答复“确无涉案宅基地使用权变更登记的任何资料和档案”。付某不服，提起本案诉讼。

【案件焦点】

1. 付某申请公开不动产档案卷宗资料是否属于信息公开调整的范围；2. 付某申请公开宅基地使用权变更的法律规定、政策依据是否属于信息公开调整的范围。

【法院裁判要旨】

北京市通州区人民法院经审理认为：根据《中华人民共和国政府信息公开

条例》第十条第一款规定，行政机关制作的政府信息，由制作该政府信息的行政机关负责公开。行政机关从公民、法人和其他组织获取的政府信息，由保存该政府信息的行政机关负责公开；行政机关获取的其他行政机关的政府信息，由制作或者最初获取该政府信息的行政机关负责公开。法律、法规对政府信息公开的权限另有规定的，从其规定。《不动产登记暂行条例》第二十七条第一款规定，权利人、利害关系人可以依法查询、复制不动产登记资料，不动产登记机构应当提供。本案中，起诉人申请市规自委昌平分局公开相关不动产登记信息及有关法律法规、政策依据，应当依据《不动产登记暂行条例》相关规定办理，不属于《中华人民共和国政府信息公开条例》调整范围，故其依据《中华人民共和国政府信息公开条例》提起涉案之诉，不属于人民法院行政诉讼受案范围，亦不符合行政诉讼法定的起诉条件。

北京市通州区人民法院依照《中华人民共和国行政诉讼法》第四十九条第四项、第五十一条第二款、第八十五条，《最高人民法院关于适用〈中华人民共和国行政诉讼法〉的解释》第一百零一条第一款第一项、第二款、第三款之规定，裁定如下：

对付某的起诉，不予立案。

【法官后语】

1. 关于付某申请公开档案卷宗资料问题的认定

有观点认为，市规自委对于付某申请公开档案卷宗资料的申请，具有答复的法定职责，付某提起的相关起诉符合法定的起诉条件，依法应予立案。理由如下：第一，关于付某申请公开档案卷宗资料的问题。市规自委虽告知付某应按照不动产登记资料的获取方式和途径办理，但同时表示“为减少申请人的申请负担，经查询我局档案，未查询到你要求获取的相关资料”。虽然付某不应通过信息公开方式进行档案查询，但市规自委亦具有查询档案的权限，且该委已利用其职权对付某申请的档案进行查询，并将查询结果“未查询到”进行告知，此告知行为应视为履行查询职责后的结果告知行为，即一个具体的行政行为。根据《不动产登记资料查询暂行办法》第十一条第二款的规定，查询人对不动产登记机构出具的不予查询告知书不服的，可以依法申请行政复议或者提起行政诉讼。据此，付某如对市规自委作出的结果告知行为不服，也可以通过行政诉讼的途径主张权利。此外，市规自委已对涉案档案的查询结果进行答复，如果法院再以涉案档案资料应通过其他法定途径查询，不属于信息公开调整范畴为由进行论理并不予立案，与市规自委的答复相矛盾。

笔者认为，付某申请公开的档案卷宗资料，不属于信息公开的调整范围，市规自委针对付某申请事项作出的答复，对付某的权利义务并不产生实际影响。理由如下:《中华人民共和国政府信息公开条例》第十条第一款规定，行政机关制作的政府信息，由制作该政府信息的行政机关负责公开。行政机关从公民、法人和其他组织获取的政府信息，由保存该政府信息的行政机关负责公开；行政机关获取的其他行政机关的政府信息，由制作或者最初获取该政府信息的行政机关负责公开。法律、法规对政府信息公开的权限另有规定的，从其规定。《不动产登记暂行条例》第二十七条第一款规定，权利人、利害关系人可以依法查询、复制不动产登记资料，不动产登记机构应当提供。第二十八条规定，查询不动产登记资料的单位、个人应当向不动产登记机构说明查询目的，不得将查询获取的不动产登记资料用于其他目的……该条明确规定了不动产权利人、利害关系人对涉及不动产登记信息的查询方式。因此，付某申请获取不动产变更登记的相关信息，属于法律、法规对政府信息公开的权限另有规定之情形，应当按照《不动产登记资料查询暂行办法》及《北京市不动产登记资料查询实施细则（试行）》的相关规定办理，不属于信息公开调整的范围。

2. 关于付某申请公开宅基地使用权变更的法律规定、政策依据问题的认定

有观点认为，付某申请公开宅基地使用权变更的法律规定、政策依据，属于《中华人民共和国政府信息公开条例》规定的政府信息。理由如下：根据《中华人民共和国政府信息公开条例》第二十条第五项之规定，行政机关应当主动公开办理行政许可和其他对外管理服务事项的依据、条件、程序以及办理结果。此处的依据应包含法律依据，故付某请求公开变更宅基地使用权登记的法律依据应属于信息公开的调整范畴。综上，应受理付某提起的本次起诉，由

审判庭进行裁判。

笔者认为，付某申请公开宅基地使用权变更的法律规定、政策依据，并非《中华人民共和国政府信息公开条例》规定的政府信息。理由如下：付某申请行政机关公开其作出的某一行政行为的法律规定、政策依据，性质上属于咨询，该信息并非行政机关在履行行政管理职能过程中制作或获取的，以一定形式记录、保存政府文件本身，而需行政机关受理申请后对相关法律、行政法规等进行实质性分析后进行作答，因此并非《中华人民共和国政府信息公开条例》规定的政府信息。针对此类咨询作出答复并不对咨询人的权利义务产生实际影响。综上，付某对于市规自委答复所提诉讼不符合行政诉讼的受理条件，依法应不予立案。

编写人：北京市通州区人民法院　何琳

22

行政机关对政府信息是否涉及商业秘密负有审查和举证职责

——王某等诉某区住房和城市建设委员会、某区人民政府政府信息公开及行政复议案

【案件基本信息】

1. 裁判书字号

北京市东城区人民法院（2020）京0101行初204号行政判决书

2. 案由：政府信息公开及行政复议纠纷

3. 当事人

原告：王某、陈某、张某、梁某、韩某、孙某

被告：某区住房和城市建设委员会（以下简称某区住建委）、某区人民政

府（以下简称某区政府）

【基本案情】

王某、陈某、张某、梁某、韩某、孙某（以下简称六原告）向某区住建委申请信息公开，要求获取“某区政府（2014年）委托会计师事务所对建筑公司进行审计后的审计报告”。某区住建委认为六原告申请的信息涉及第三方建筑公司的利益，依据《中华人民共和国政府信息公开条例》第十五条、第三十二条的规定，向建筑公司发出《第三方意见征询函》，书面征求建筑公司意见。建筑公司在“不同意向申请人提供”一栏上打钩并提交了《复函》及《公司档案管理规定》。建筑公司《复函》主要内容为：审计报告中明确记载我司对于危旧房改造项目的会计财务等相关信息，包括项目开发成本支出（如前期费用、拆迁补偿及相关费用、财务费用、利润或管理费用等）；项目开发成本相关支出（如逾期周转金等）；其他成本费用（如管理成本、股权收购支出、合作开发费用等）等，是我司投资、收益、管理、风险防控等经营活动的真实体现，体现我司运营危旧房改造项目核心商业价值。因此，该审计报告所载内容具有商业价值及实用性且无法进行区分处理，公开审计报告的行为将有损我司商业利益。截至目前，该审计报告不为公众所知，且我司对于该审计报告已经采取必要的保密措施。该审计报告是某区政府为了与我方进行项目结算单方聘请的第三方机构对我司做出的，我方对该报告的客观性和公正性并不认可，该审计报告不是项目结算依据。因此，我司建议不予公开审计报告。被告某区住建委经研究后形成不予公开的结论并向原告作出不予告知的信息公开答复告知书。六原告不服该告知书，向某区政府申请行政复议。某区政府作出复议决定，维持了某区住建委的信息公开答复告知书。六原告不服，向法院提起诉讼。

【案件焦点】

第三人以申请人申请公开的政府信息涉及商业秘密为由不同意公开，行政机关对政府信息是否涉及商业秘密是否负有审查和举证责任。

【法院裁判要旨】

北京市东城区人民法院经审理认为：根据《中华人民共和国政府信息公开条例》第十二条、第三十二条的规定，涉及商业秘密的政府信息并非一律不应公开，行政机关以政府信息涉及商业秘密为由决定完全不予公开的，行政机关对于政府信息是否涉及商业秘密负有审查职责。同时，根据《中华人民共和国行政诉讼法》的相关规定，行政机关以政府信息涉及商业秘密为由不予公开，公民、法人或者其他组织对此不服提起诉讼的，行政机关应当就其作出的不予公开该政府信息的行政行为承担举证责任。行政机关在审查相关政府信息是否构成商业秘密时，应当根据《中华人民共和国反不正当竞争法》第九条的规定，审查其是否能够满足该法规定的商业秘密的构成要件。考虑到权利人实际管理和使用相关信息，是否构成商业秘密往往需要由第三方自行提供相关证据予以佐证。因此，在信息公开的行政程序中，行政机关可以要求第三方向其提供相关证据以协助其对政府信息是否构成商业秘密进行审查，但最终审查确认和举证的职责仍在行政机关。第三方以相关政府信息涉及商业秘密为由不同意公开，需结合“商业秘密”的构成要件说明涉及其公司商业秘密的具体理由。本案中，被告某区住建委收到本案政府信息公开申请后，向建筑公司征求了意见，该公司回函不同意公开，但其在回函中说明审计报告的内容涉及其公司商业秘密的具体理由并不充分，不完全符合“商业秘密”的构成要件。被告某区住建委亦未充分说明该审计报告内容涉及商业秘密的具体理由并提供相应证据。鉴此，被告某区住建委以涉案信息构成商业秘密为由，决定全部不予公开，但未能充分说明其判断的依据与理由，亦缺乏相应的证据支持。被告某区住建委作出的告知书认定事实不清，主要证据不足，依法应予撤销，并依法重新作出答复。被告某区政府作出的复议决定一并应予撤销。

北京市东城区人民法院依照《中华人民共和国行政诉讼法》第七十条第一项、《最高人民法院关于审理政府信息公开行政案件若干问题的规定》第九条第一款的规定，判决如下：

一、撤销某区住建委作出的《某区住建委信息公开答复告知书》；

二、撤销某区政府作出的《某区政府行政复议决定书》;

三、某区住建委于本判决生效后在法定期限内针对王某、陈某、张某、梁某、韩某、孙某的政府信息公开申请重新作出行政行为;

四、驳回王某、陈某、张某、梁某、韩某、孙某的其他诉讼请求。

【法官后语】

《中华人民共和国政府信息公开条例》第十五条规定,涉及商业秘密、个人隐私等公开会对第三方合法权益造成损害的政府信息,行政机关不得公开。但是,第三方同意公开或者行政机关认为不公开会对公共利益造成重大影响的,予以公开。根据该条规定,行政机关通常不得公开商业秘密等损害第三方合法权益的政府信息,行政机关收到信息公开申请后,如果经审查认为申请的信息属商业秘密,损害第三方合法权益,那么需要对第三方利益进行平衡考量。《中华人民共和国政府信息公开条例》第三十二条规定了行政机关征求第三方意见的程序,最初的"申请人—政府机关"二元平衡利益考虑已趋向于多元化,即赋予第三方在信息处理过程中的参与权和表达权,要求行政机关在履行职责过程中听取第三方意见。

如果第三方反馈同意公开,行政机关一般予以公开。但是若第三方不同意公开,行政机关不能仅以此为依据拒绝公开相关信息。在实践中,第三方从自身利益出发,大多数情况下不愿公开,如果行政机关不加审核判断,完全按照第三方意见处理,必将导致征求第三方意见的程序与信息公开保障公民知情权的立法原意相左。根据《中华人民共和国行政诉讼法》的规定,行政机关对其作出的行政行为负有举证责任。具体到信息公开案件审理过程中,如果行政机关拒绝向申请人提供相关信息,应当对拒绝的依据进行举证。在信息公开中,第三方并无提供证据的义务,行政机关需依职权,对涉案信息是否会损害第三方利益收集证据并加以判定。在行政案件审理中,若行政机关没有提供相关证据或者证据不足,将承担举证不能的不利后果。本案中,第三方虽然主张申请信息涉及商业秘密,但是并未提交任何证据加以证明,在此情形下,行政机关应以现存证据对原告申请信息,参照《中华人民共和国反不正当竞争法》中关于商业秘密的“秘密性、利益性、实用性、保密性”构成要件进行判断，并最终决定是否公开。行政机关单纯依据第三方主张认为申请公开信息属商业秘密，并无证明力。故行政机关所作的信息公开答复属于认定事实不清，证据不足，依法应予撤销。此外，需要明确的是，即使第三方提供的证据足以证明申请人申请信息属于商业秘密，行政机关还应该考虑不公开政府信息是否会对公共利益造成重大影响。

该案例对于明确行政机关在政府信息公开中审查处理涉及商业秘密的案件具有典型示范意义。政府信息公开是建设法治政府，推进国家治理体系和治理能力现代化的重要举措。《中华人民共和国政府信息公开条例》明确信息公开原则为“以公开为原则，不公开为例外”。行政机关要切实履行审查义务，对于收到的信息公开申请应当审慎、客观地进行分析和判断，特别是涉及商业秘密的，不得单纯将第三人主张作为判定是否公开的依据，需依职权主动收集证据，判断相关信息公开是否会对第三人权益造成损害。同时，对第三方利益和公众利益进行权衡，既要保护第三方合法权益，也要将保护社会公众知情权的立法意旨落实到位。

编写人：北京市东城区人民法院　李颖

六、行政批复

23

环保部门作出对社会公众产生重大影响的环保批复时应保障公众知情权

——侯某等诉某市生态环境局、某市人民政府行政批复及行政复议案

【案件基本信息】

1. 裁判书字号

山东省济南市中级人民法院（2020）鲁01行终86号行政判决书

2. 案由：行政批复及行政复议纠纷

3. 当事人

原告（上诉人）：侯某、沈某、韩某

被告（被上诉人）：某市生态环境局（以下简称某市环境局）、某市人民政府（以下简称某市政府）

第三人：供电公司

【基本案情】

供电公司为建设济南220kV××输变电工程项目，向某市环境局报送《建设项目环境影响报告表》。某市环境局受理申请材料后，在某市环境局及某市政府网站发布了受理公示，后在官方网站发布涉案工程《环境影响评价文件审批

意见的公示》及《环境影响报告表审批决定的公告》。最终，某市环境局作出批复，同意按照报告表中提出的性质、规模、地点和环境保护对策建设本期工程。

侯某等人居住在涉案项目附近的小区，因认为涉案环境影响报告表合法性、合理性存在严重问题，错误明显，其就上述批复向某市政府申请行政复议，请求撤销批复。某市政府经复议维持某市环境局行政行为。侯某等人仍不服，向法院提起诉讼，请求撤销被诉行政行为。

诉讼中，侯某等人提出了诸如变电站位置和实际位置完全不符、监测数据和类比数据真实性存疑、变电站及线路选取的类比对象错误、部分敏感点评价等级错误、声音评价范围无故缩短、生态敏感区认定错误、图表引用混乱、电场强度和磁感应强度数据不真实等多个问题，并提供了周边多个小区近10000名群众的联合签名，请求停止变电站建设。

【案件焦点】

1. 生态环境部门针对当事人供电公司为建设输变电工程项目向其报送的《建设项目环境影响报告表》的受理、批复程序是否合法，事实认定是否清楚；2. 复议机关的复议程序是否合法；3. 生态环境部门是否应制定行之有效的信息公开及沟通机制，保障社会公众知情权，回应社会关切。

【法院裁判要旨】

山东省济南市历下区人民法院经审理认为：虽然本案被诉的《关于供电公司济南220kV××输变电工程项目环境影响报告表的批复》合法、适当，但信息沟通问题依然要引起行政主管部门的关注。变电站是现代城市必不可少的基础设施之一。虽然相关科学研究表明，变电站等建设项目对环境所造成的影响有限并且可控，但是因为对信息掌握不充分，公众很难准确了解电磁辐射对人体健康的影响。对未知事物的猜疑容易引发对自身环境安全的顾虑，从而对建设项目产生抵触情绪，引发纠纷。建议有关行政主管部门在相关行政许可过程中，通过公开、有效的沟通，加强环境信息的公开，让公众充分了解建设项目的环境影响，使所有利益相关者都能够实现知情决断。本案第三人可以在建设项目周边设立科普宣传栏，方便公众及时了解建设项目的相关内容及其带来的环境影响，更加充分地保障公众对环境信息的知情权。

山东省济南市历下区人民法院依照《中华人民共和国行政诉讼法》第七十四条第一款第二项、第七十九条之规定，判决如下：

一、确认某市环境局作出《关于供电公司济南220kV××输变电工程项目环境影响报告表的批复》的超期行为程序违法；

二、驳回侯某、沈某、韩某要求撤销某市环境局作出的《关于供电公司济南220kV××输变电工程项目环境影响报告表的批复》的诉讼请求；

三、驳回侯某、沈某、韩某要求撤销某市政府作出的《行政复议决定书》的诉讼请求。

侯某等人不服，提起上诉。山东省济南市中级人民法院经审理认为：关于《建设项目环境影响报告表》中监测数据和类比数据真实性问题。《建设项目环境影响报告表》记载的相关数据系变电站现场实时数据，相比气象部门对济南全域天气情况数据更加精准，两者之间存在偏差符合常理。上诉人主张不能成立。

关于《建设项目环境影响报告表》中生态敏感区认定是否正确。根据《建设项目环境影响评价分类管理名录》第三条及《环境影响评价技术导则 生态影响》相关规定，本案的生态环境影响评价符合一般区域类型，并无不当。

关于《建设项目环境影响报告表》中电场强度和磁感应强度数据真实性问题。在案证据足以证明《建设项目环境影响报告表》中关于电场强度和磁感应强度数据的得出符合《环境影响评价技术导则 输变电工程》的相关规定。

关于《建设项目环境影响报告表》是否遗漏重要事项评价问题。涉案项目属于环境敏感区，位于一般区域，不属于生态敏感区。本案的生态环境影响评价符合一般区域类型，《建设项目环境影响报告表》中对于生态环境影响评价范围与《环境影响评价技术导则 输变电工程》规定相符，《建设项目环境影响报告表》中涉及的评价范围项目齐全，并未遗漏有关事项。

关于《建设项目环境影响报告表》是否严重隐瞒事实的问题。变电站并非集中使用大型电磁辐射的发射设施或高频设备。上诉人主张《建设项目环境影响报告表》严重隐瞒事实，没有事实依据。

关于《建设项目环境影响报告表》中声音评价范围是否无故缩短问题。根据一般规律，噪声随距离增大而逐渐衰减，距离越远噪声越小。《建设项目环境影响报告表》载明，厂界噪声预测结果符合相关标准，环境噪声站界外40米范围内区域亦符合相关标准。综上，一审法院确认行政行为程序违法而不予撤销，于法有据，并无不当。

山东省济南市中级人民法院依照《中华人民共和国行政诉讼法》第八十六条、第八十九条第一款第一项之规定，判决如下：

驳回上诉，维持原判。

【法官后语】

对于会对社会公众有重大影响的环境保护行政批复，生态环境主管部门应在依法履行法定程序予以严格审查的同时，制定行之有效的信息公开及沟通机制，保障社会公众知情权，回应社会关切，促进公众知悉建设项目对周边环境的影响，保障公众能够及时有效地参与环境保护工作，打消顾虑，以便化解行政争议，促进社会和谐，真正做到让环保工作造福人民群众。

优质、可靠、安全、清洁的电力供应，是社会经济持续发展的基本保障。电力设施作为重要的基础设施，在优化能源资源配置、消纳清洁能源、应对环境污染等方面正在发挥日益重要的作用。变电站是现代化城市不可或缺的基础设施之一，设计、建设、运行具有很强的专业性，在公众对信息掌握不充分的情况下，极易产生“变电站建设、运营会产生电磁辐射，影响居住环境安全”的担忧和顾虑，进而对变电站建设项目产生抵触心理，引发行政争议。有关环境保护行政主管部门在作出行政行为过程中，可通过公众喜闻乐见的形式向公众进行宣传，并加大沟通力度，从专业角度向社会公众释明相关建设项目情况，并对建设项目的环境影响问题向公众答疑解惑，方便公众及时了解建设项目的相关内容及其带来的环境影响，更好地保障公众对建设项目环境信息的知情权，从而更为有效地预防行政争议，促进社会和谐。

二审本案法院为促进行政机关做好工作，专门向行政机关发出司法建议，对环境影响评价审批工作中严格依法行政，落实各项程序规定、加强对于输变电设施建设项目环境影响评价的依法审查力度，严格执行环境影响评价制度，确保履责到位、拓宽与社会公众信息沟通渠道，确保公众能通过适当方式参与环境影响评价、依法加强环境保护的监管力度，对输变电项目工程建设和实际运行所产生的环境影响进行跟踪检查，并形成长效机制、强化对本系统执法人员的执法能力建设，提升依法行政及执法办案能力等方面提出具体要求。该院还向供电部门也提出了司法建议。上述司法建议发出后，两部门都进行了书面回复，行政案件的审理取得了良好的法律效果和社会效果。

编写人：山东省济南市中级人民法院　张振明

七、行政处理

24

考试严重违纪违规行为认定
不符合规章体系解释结果的，应予撤销

——邱某诉某市人事考试中心行政处理决定案

【案件基本信息】

1. 裁判书字号

广东省广州铁路运输法院（2020）粤 7101 行初 815 号行政判决书

2. 案由：行政处理决定纠纷

3. 当事人

原告：邱某

被告：某市人事考试中心（以下简称市考试中心）

【基本案情】

2019 年 10 月 19 日，邱某参加房地产估价师资格考试，考试时间为上午 9 点至 11 点半，准考证中注明“考场规则”规定严禁携带和使用手机、耳机、电子笔和其他电子设备，手机已带入考场的，须切断电源并放在指定位置；考试期间，凡发现使用上述各种电子设备的，一律按违纪违规行为处理；开考铃响后方可答题；考试结束铃响，立即停止答卷，将试卷翻放在桌面上，坐在原

位，待监考员清点无误并准许后方可离场。邱某进入考场后将手机按照考场要求集中存放，在上午 11 点半铃响后，其在监考人员收卷时到集中存放点拿回手机对试卷进行拍照，监考人员发现后要求其予以删除，邱某随即删除照片，经检查照片未上传网络。

2019 年 10 月 28 日，市考试中心通过手机短信发送通知邱某，内容为："邱某：你在 2019 年度房地产估价师资格考试《房地产基本制度与政策》中，存在使用禁止带入考场的通讯工具的违纪违规行为。根据考试规定，拟作出当次全部科目考试成绩无效的处理，并将违纪违规行为记入专业技术人员资格考试诚信档案库，记录期限为五年的处理决定。如存在异议，请在收到本告知书后 2 个工作日内向本机构提出复核申请。"收到短信后，邱某向市考试中心提交《事实证据反映情况申请书》，两名巡考员及主考人员亦对事发经过作出书面说明。

2019 年 11 月 6 日，市考试中心作出《决定书》，认定邱某在 2019 年度房地产估价师资格考试中存在"使用禁止带入考场的通信工具"违纪违规行为，根据《专业技术人员资格考试违纪违规行为处理规定》（以下简称《处理规定》）第七条第五款的规定，给予"当次全部科目考试成绩无效的处理，并将其违纪违规行为记入专业技术人员资格考试诚信档案库，记录期限为五年"的处理。该决定书于 2019 年 11 月 8 日邮寄送达邱某。邱某为此提起行政诉讼，请求撤销市考试中心作出的《决定书》。

【案件焦点】

邱某在停止答卷后使用手机拍照试卷的行为是否属于《处理规定》第七条第五款规定的严重违纪违规行为。

【法院裁判要旨】

广东省广州铁路运输法院经审理认为：考生进入考场后，从答题前开始至答题结束后等一系列行为均应受到相应规范及约束。考试过程应贯穿自考生进入考场直至答题时间结束、监考老师收卷、考生离开考场的整个过程，在此期间考生均应遵守考场规则，服从考场工作人员管理及安排。铃响仅为答题时间结束，而非整个考试过程的结束。因此，市考试中心认定邱某使用手机拍照的行为发生在考试过程中，属于违纪违规行为，并无不当。

根据立法目的，《处理规定》第七条规定中的“使用”行为应限定为考生以作弊为目的，利用手机接收、发送、传播与考试相关信息的行为。本案邱某仅是在答题时间结束后使用手机对试卷进行拍照，并未利用手机接收、发送及传播与考试相关的信息，不符合该规定中的“使用”行为性质。而且，邱某使用手机对试卷进行拍照的行为发生在答题时间结束后、监考老师收卷过程中，从拍照发生时间、实际后果及邱某陈述的理由来看，邱某存在作弊的可能性较小，其行为性质与第七条第五款规定中的严重违纪违规情形有本质区别。因此，邱某的行为不属于《处理规定》第七条第五款规定的严重违纪违规行为。

市考试中心在作出损益行政行为时应充分考虑邱某因此可能遭受的影响，在维护良好考场秩序的同时也应将对考生权益造成的损失控制在最小范围内。综合邱某在考试过程中的表现来看，其在进入考场后按照规定将手机集中存放，答题期间未有其他舞弊行为，答题结束后虽然拿回手机进行拍照，但被发现后能够及时配合删除，且未将图片上传网络进行散播，未造成实际危害后果。因此，市考试中心认定其属于严重违纪违规，违反了比例原则，存在明显不当。

广东省广州铁路运输法院依照《中华人民共和国行政诉讼法》第七十条的规定，判决如下：

撤销市考试中心于2019年11月6日向邱某作出的《决定书》。

【法官后语】

现代行政事务的增加和行政范围的扩展使许多具有社会性、专业性的行政事项逐渐由获得授权的社会组织承担，各类专业资格考试的组织及考试过程中违规行为认定和处理更是日益普遍，由此引发的行政诉讼也越来越多。本案除了兼及比例原则，主要从法律解释方法的角度进行说理，力图确立法律解释的优先次序。通过法律解释方法的限定，既纠正了被授权组织的行政行为，又避免过于原则、抽象而使被授权组织今后无所适从，有利于引导被授权组织和行政相对人形成合理稳定的行为后果预期。

1. 严肃考试纪律，对维护考试公平公正具有重要意义

考试制度是国家选拔人才的重要途径，尤其是在经济迅速发展的今天，考试的作用也更加多元化。升学、确定专业资格以及选拔人才等均需要通过考试予以衡量。因此，确保考试的公平性是检验教育成果的重要标准，也是促进社会诚信的重要途径。而考场规则的设置则是保证试卷安全、维护考场秩序、杜绝考试舞弊、净化考试环境、维护考试公平公正的重要保障。对违反考场秩序的行为，应当予以处理，但处理过程中应正确理解与适用相关规定，并结合违纪违规行为性质以及对考场秩序破坏程度和后果作出适当处理。

2. 正确运用法律解释，对维护司法公平公正具有重要意义

法律解释应当优先使用文义解释，当文义解释与立法目的解释相冲突时，应综合运用体系解释、限缩解释等解释方法。本案被告以原告属于《处理规定》中的“使用手机”情形认定原告属于严重违纪违规情形，不符合法律规则的目的解释及体系解释。对《处理规定》中的“使用手机”行为应当结合立法目的，限定在考生以作弊为目的，利用手机接收、发送、传播与考试相关信息的行为。同时，结合《处理规定》内容来看，“使用手机”行为性质应与抄袭、传递试卷等情形严重程度一致。而结合本案情况来看，邱某使用手机对试卷进行拍照的行为与规定的严重违纪违规情形有着本质区别。

3. 行政行为的实施应兼顾行政目标的实现和相对人权益的保护

行政行为如可能对相对人权益造成某种不利影响，则应使这种不利影响限制在尽可能小的范围和限度内，保持二者处于适度的比例。本案市考试中心对邱某作出的行政处理，属于损益性行政行为，且记入诚信档案库以后，邱某的正常工作、学习、生活均会受到不同程度的影响。因此，市考试中心在作出这一行为时未能充分考虑邱某因此可能遭受的影响，违反了比例原则，存在明显不当。

编写人：广东省广州铁路运输法院　何欣颖　陈迪

25

高校自行纠错行为应遵循正当程序原则

——王某诉某大学学籍处理决定案

【案件基本信息】

1. 裁判书字号

北京市朝阳区人民法院（2020）京0105行初270号行政判决书

2. 案由：学籍处理决定纠纷

3. 当事人

原告：王某

被告：某大学

【基本案情】

王某系某大学2016级学生。2017年6月10日，王某在2016学年至2017学年第2学期课程期末考试中找校外人员替考，被监考老师当场查获。2018年8月1日，某大学作出原《处分决定》，依据《某大学学生违纪处分办法》规定，决定给予王某开除学籍的处分。

2019年10月17日，王某原所在学院经集体讨论决定，建议依据《某大学学生违纪处分条例》的规定，给予王某开除学籍处理，并制作了处理意见。2019年11月1日，某大学学生工作指导委员会对王某作出《听证告知书》。2019年11月13日，某大学学生工作指导委员会向王某作出《听证通知书》，告知听证的时间、地点及相关注意事项。2019年11月20日，某大学组织召开听证会，王某提出了陈诉、申辩意见。2019年12月3日，某大学召开校长办公会议，经研究决定，同意学生工作指导委员会意见，适用《某大学学生违纪处分条例》，给予王某开除学籍处分。2019年12月26日，某大学向王某作出被诉《处分决定》，并向王某予以邮寄送达。王某向某大学提出复查，2020年1月15日，某大学学生申诉处理工作委员会作出《复查决定书》，决定维持被诉《处分决定》。2020年3月25日，市教委作出《学生申诉答复意见书》，答复维持被诉《处分决定》。王某不服，遂成讼。

【案件焦点】

高等学校经自查认为已作出的开除学籍处分决定存在错误的情形，是否可以径行通过自行纠错机制重新作出处分决定。

【法院裁判要旨】

北京市朝阳区人民法院经审理认为：某大学作为普通高等学校，具有对学生进行学籍管理及对违反法律法规及学校纪律行为的学生给予开除学籍等纪律处分的法定职权。涉案行为发生时正在实施的《某大学学生违纪处分条例》是某大学为维护正常的教育教学秩序，建设优良的校风、学风，为规范考试管理，保障考试公平、公正等而制定的相应规范性文件。上述条例第十六条规定："由他人代替考试、替他人参加考试、组织作弊、使用通信设备作弊及其他作弊行为严重的，学校可以给予开除学籍处分。"此规定与上位法不存在冲突，可以作为处理学生违规行为的依据。本案中，某大学向王某重新作出被诉《处分决定》系其自行纠错行为，原《处分决定》并未经生效司法裁判予以撤销，故某大学向王某重新作出处分决定前应先依法撤销原《处分决定》。现某大学仅是学校内部自行决定撤销原《处分决定》，未向王某作出和送达相应的书面撤销决定，亦未保障王某必要的陈述、申辩、救济等程序性权利，某大学在未履行必要正当程序撤销原《处分决定》的情况下，径行对王某重新作出被诉《处分决定》缺乏相应的事实基础，构成明显的程序违法，依法予以撤销。

北京市朝阳区人民法院依照《中华人民共和国行政诉讼法》第七十条第一项、第三项之规定，作出如下判决：

撤销某大学于2019年12月26日作出的《关于给予王某开除学籍处分的决定》。

【法官后语】

高等学校作为提供高等教育的社会组织，在学校管理方面享有高校自治权，同时，高等学校作为法律、法规授权的组织，在学生管理方面享有学籍管理及处分等职权。高等学校对学生作出学籍处分决定，直接涉及学生的受教育权实现，对于学生的实体权利义务具有重要影响，应接受法院的合法性审查，并符合“证据确凿，适用法律、法规正确，符合法定程序”的证明标准。高等学校对于已经作出的开除学籍处分决定发现错误情形，通过自行纠纷机制重新作出处分决定时，亦属于对学生的实体权利义务产生重要影响的行为，同样应符合上述证明标准。

1. 高等学校对于存在错误的开除学籍处分决定具有自行纠错的职责

行政机关对已作出的存在错误的行政行为进行自行纠错，应是行政机关履行法定职责的应有之义。同理，法律、法规授权组织的高等学校对于已作出的开除学籍处分决定，发现存在认定事实或法律适用等方面存在错误的情况下，也可以通过自行纠错机制予以纠正。本案中，王某与韩某在当天都存在找校外人员替考的行为，某大学依据《某大学学生违纪处分办法》的规定，对韩某作出开除学籍的处理决定。经生效法院判决认定，涉案行为发生之时《某大学学生违纪处分办法》尚未实施，某大学适用该办法对韩某作出处理属适用法律错误，并判决撤销了某大学对韩某作出的处分决定。某大学在对韩某重新作出处分决定的过程中，发现对王某作出的原《处分决定》也存在法律适用错误的情形，遂主动对王某作出的原《处分决定》进行自行纠错并无不当。

2. 高等学校通过自行纠错机制重新作出处分决定前，应依法履行程序撤销原先作出的处分决定

高等学校根据法律、法律的授权，对学生作出开除学籍处分决定，在性质属于可诉行政行为，已具有行政行为的公定力和确定力等特点。在学生在法定期限内未提出行政复议或行政诉讼的情况下，已作出的处分决定便具有相应的法律效力。虽然处分决定存在一定的错误，但在未经司法裁判撤销的情况下，高等学校不得自行作出两份不同的处分决定。因此，高等学校在启动自行纠错

机制时，首先要处理的是原先作出处分决定的效力，应依据法律程序自行撤销原先作出的处分决定后，方可作出新的处分决定。本案中，某大学仅是通过学校内部自行的决定认为原《处分决定》错误，未向王某作出和送达书面撤销决定，在未履行必要正当程序撤销原《处分决定》的情况下，径行对王某作出了新的《处分决定》，不具有相应的事实基础。

3. 高等学校在撤销原先作出的处分决定过程中应遵循正当程序原则的要求

在现行法律法规对于高等学校自行纠错程序没有作出明确规定的情况下，高等学校在撤销原处分决定及履行自行纠错程序的过程中，要注重符合正当程序原则的要求，充分保障学生的实体和程序权利。无论是撤销原《处分决定》，还是重新作出新的《处分决定》，都要求高校在作出影响学生权益的行政行为时，应当符合法律规定的形式和时限，遵循法定或正当合理的操作规则，以确保行政行为公开、公平、公正。对于正当法律程序原则的基本要求，如回避制度、履行告知程序并说明理由、听证、听取陈述申辩、履行合法送达程序等，应严格予以遵循。本案中，某大学在没有撤销原《处分决定》，也没有听取学生对原《处分决定》意见的情况下，径行作出了新的《处分决定》，徒增学生的行政程序及诉讼程序成本，未能真正实现高校行政管理的目的，也与正当法律程序的基本要求不符。

编写人：北京市朝阳区人民法院　郑瑞涛

26

政府采购供应商因重大误解导致质疑程序未完成的应认定不符合投诉受理条件

——安全科技公司诉某区财政局行政处理决定案

【案件基本信息】

1. 裁判书字号

江苏省无锡市中级人民法院（2020）苏02行终85号行政判决书

2. 案由：行政处理决定纠纷

3. 当事人

原告（上诉人）：安全科技公司

被告（被上诉人）：某区财政局

【基本案情】

原某区安监局就该区安全生产专业技术检查服务外包项目进行公开招标。安全科技公司应邀参加该招投标项目。因不满该项目的中标结果，安全科技公司于2018年12月4日向原某区安监局提交《质疑函》并抄送某区财政局。2018年12月11日，原某区安监局向安全科技公司作出《对质疑函的答复》，认为《质疑函》部分内容缺失，要求其在规定的时间内完善质疑函，并以书面的形式提交。同时告知安全科技公司如对本答复不满意，可以在答复期满后15个工作日内向财政部门提出投诉。2018年12月25日，安全科技公司向某区财政局发出《投诉书》。某区财政局认为安全科技公司投诉前未依法进行质疑，投诉不符合受理条件，决定驳回安全科技公司的投诉。安全科技公司不服该决定，向法院提起行政诉讼，请求撤销某区财政局的上述决定。

【案件焦点】

安全科技公司的投诉是否已经经过前置的质疑程序，是否符合《政府采购质疑和投诉办法》规定的投诉条件。

【法院裁判要旨】

江苏省无锡市滨湖区人民法院经审理认为：安全科技公司收到原某区安监局的《对质疑函的答复》后，未按照该答复要求予以补正并重新依法提出质疑，故安全科技公司的投诉不符合投诉的受理条件，某区财政局在法定期限内驳回其投诉，并无不当，程序合法。

江苏省无锡市滨湖区人民法院依照《中华人民共和国行政诉讼法》第六十九条的规定，判决如下：

驳回安全科技公司的诉讼请求。

安全科技公司不服，提起上诉。江苏省无锡市中级人民法院经审理认为：第一，原某区安监局对安全科技公司的质疑作出《对质疑函的答复》，告知其质疑函存在内容缺失等事项，需要补正等内容。可见，《对质疑函的答复》并非针对安全科技公司提出质疑的最终结论性答复，其实质是在明确质疑事项以及完善质疑函内容过程中的一种程序性通知。安全科技公司在收到该通知后没有与原某区安监局联系，而是直接向某区财政局提出投诉。安全科技公司没有完成质疑程序就直接提起投诉确属事实。第二，根据《政府采购质疑和投诉办法》第十九条第二款的规定，投诉人提起投诉应当符合下列条件：（一）提起投诉前已依法进行质疑……由此可见，完成质疑程序是供应商进行投诉的必经前置程序。某区财政局判断安全科技公司并未经过完整的质疑程序直接提出投诉，不符合《政府采购质疑和投诉办法》第十九条规定的投诉受理条件，决定驳回其投诉，有事实依据，结论正确。

江苏省无锡市中级人民法院依照《中华人民共和国行政诉讼法》第八十九条第一款第一项的规定，判决如下：

驳回上诉，维持原判。

【法官后语】

本案的核心问题是安全科技公司的投诉是否符合《政府采购质疑和投诉办法》规定的投诉条件，对这一核心问题的判断离不开对前置质疑程序的正确解读和原因剖析。

1. 安全科技公司事实上并未完成前置质疑程序

《政府采购质疑和投诉办法》第八条规定，供应商可以委托代理人进行质疑和投诉。其授权委托书应当载明代理人的姓名或者名称、代理事项、具体权限、期限和相关事项。供应商为自然人的，应当由本人签字；供应商为法人或者其他组织的，应当由法定代表人、主要负责人签字或者盖章，并加盖公章。代理人提出质疑和投诉，应当提交供应商签署的授权委托书。第十二条规定，供应商提出质疑应当提交质疑函和必要的证明材料。质疑函应当包括下列内容：(一) 供应商的姓名或者名称、地址、邮编、联系人及联系电话……(四) 事实依据……供应商为法人或者其他组织的，应当由法定代表人、主要负责人，或者其授权代表签字或者盖章，并加盖公章。此外，《政府采购质疑和投诉办法》第十二条第四项规定，质疑函应当有事实依据。本案中，安全科技公司提出的《质疑函》缺少授权委托书、供应商的地址、邮编、联系人及联系电话以及质疑的事实依据等必要内容，不符合《政府采购质疑和投诉办法》的上述规定。安全科技公司收到原某区安监局作出的《对质疑函的答复》后，并未将上述缺失内容补齐后交予原某区安监局。对安全科技公司提出的质疑，原某区安监局未能作出实质性的答复意见，前置质疑程序实际上并未完成。

2. 对于前置质疑程序未得以完成，原某区安监局与安全科技公司均存在过错

《政府采购质疑和投诉办法》第十七条规定，质疑供应商对采购人、采购代理机构的答复不满意，或者采购人、采购代理机构未在规定时间内作出答复的，可以在答复期满后 15 个工作日内向本办法第六条规定的财政部门提起投诉。上述规定适用于采购人、采购代理机构针对质疑供应商所提质疑内容的实体答复，而非质疑程序中作出的所有冠名为“答复”的答复。本案中，原某区

安监局作出的《对质疑函的答复》主要内容系针对质疑申请材料不齐全的补正通知，而非对质疑内容的实质性答复，显然不应适用《政府采购质疑和投诉办法》第十七条规定。但原某区安监局告知安全科技公司“若你公司对本答复不满意的，可以在答复期满后15个工作日内向《政府采购质疑和投诉办法》第六条规定的财政部门提出投诉”，误导了安全科技公司越过质疑程序直接向财政部门提出投诉。应该说，对于安全科技公司未完成前置质疑程序，原某区安监局存在一定的过错。政府采购人在答复中应严格区分质疑程序中程序性通知和实体答复的适用载体：对于申请人不具有投诉权的程序性要求，以告知函或通知等形式作出为宜；而对于实体内容的答复，则应按照《政府采购质疑和投诉办法》第十五条规定作出。

当然，客观而言，安全科技公司收到原某区安监局作出的《对质疑函的答复》后，径行向某区财政局提出投诉的行为亦有失偏颇。《对质疑函的答复》明确载明“请安全科技公司对照《政府采购质疑和投诉办法》要求，在办法规定的时间内完善质疑函，并以书面的形式提交，安监局收到后将及时处理，保证供应商的合法权益”。按照常识理解，应该可以看出上述《对质疑函的答复》实质上是通知安全科技公司明确质疑事项以及完善质疑函内容。安全科技公司收到该答复后应当按照要求，对照《政府采购质疑和投诉办法》的规定完善质疑函的必需内容，与原某区安监局联系，明确质疑事项，等待处理结果。但是，安全科技公司并未与原某区安监局联系，而是径行向某区财政局提出投诉，且投诉内容也并非针对答复中的补正要求，而是直接针对招投标事项进行投诉，越过了尚未完成的质疑程序，属于对《政府采购质疑和投诉办法》相关规定的误解。对于这种因误解导致质疑程序未能完成的行为，安全科技公司自身存在不可推卸的责任。

3. 原某区安监局的答复瑕疵不影响某区财政局认定安全科技公司不符合投诉条件这一结论的正确性

《政府采购质疑和投诉办法》第十九条第二款规定，投诉人提起投诉应当符合下列条件：（一）提起投诉前已依法进行质疑；（二）投诉书内容符合本办法的规定；（三）在投诉有效期限内提起投诉；（四）同一投诉事项未经财政部门投诉处理；（五）财政部规定的其他条件。虽然该规定并没有明确依法进行质疑是形式上启动了质疑程序还是实质上完成了质疑程序，但是结合《政府采购质疑和投诉办法》的相关条款规定综合理解，应是采购人、采购代理机构对供应商的质疑作出了结论性答复，供应商对答复内容不满意提出投诉。由此可见，完成质疑程序是供应商进行投诉的必经前置程序。

本案中，虽然原某区安监局《对质疑函的答复》在行文标题以及告知投诉权利等内容上存在瑕疵，易误导安全科技公司直接向财政部门提出投诉，但是安全科技公司本身应对未完成质疑程序负有直接和主要的责任。在此情况下，某区财政局判断安全科技公司并未经过完整的质疑程序直接提出投诉，不符合《政府采购质疑和投诉办法》第十九条规定的投诉受理条件，决定驳回其投诉，有事实依据和法律依据。但是，如存在供应商确因采购人、采购代理机构的误导或者程序违法导致质疑程序未能完成的情形，财政部门对于投诉受理条件的审查不应拘泥于对法律条文的僵化理解，而应充分保证政府采购供应商的合法权益。

编写人：江苏省无锡市中级人民法院　何薇　张玲玲

八、行政复议

27

村、居两委在协助政府工作时的权力属性、身份性质及责任承担

——邓某诉某市公安局某区分局某街道派出所、某区人民政府行政行为及行政复议案

【案件基本信息】

1. 裁判书字号

北京市第一中级人民法院（2020）京 01 行终 715 号行政裁定书

2. 案由：行政行为及行政复议纠纷

3. 当事人

原告（上诉人）：邓某

被告（被上诉人）：某市公安局某区分局某街道派出所（以下简称某街道派出所）、某区人民政府（以下简称某区政府）

第三人：孟某、陈某

【基本案情】

孟某系某居委会干部，持有北京市统计局制发的《统计调查证》。陈某系社区志愿者，自 2011 年以志愿者身份协助居委会及警务站处理社区事务。2018

年11月5日，孟某、陈某到辖区内邓某家中进行人口抽样调查工作。邓某及其孩子在家，孟某、陈某当时推开邓某家门，进入邓某家门内，站在门内口处。邓某要求孟某、陈某离开，并和陈某发生言语冲突。后邓某打电话报警，孟某、陈某自行离开。

某街道派出所于2018年11月8日作出《终止案件调查决定书》，内容如下：因邓某被非法侵入他人住宅一案具有没有违法事实的情形，根据《公安机关办理行政案件程序规定》第二百三十三条第一款之规定，现决定终止调查。

邓某不服，向某区政府申请行政复议。某区政府于2019年2月26日作出《行政复议决定书》，决定维持《终止案件调查决定书》。遂成讼。

【案件焦点】

1. 村、居两委及其工作人员在执行行政职务时，其权力属性和身份性质是否发生改变；2. 村、居两委工作人员在执行行政职务时因故意或者重大过失侵害公民合法权益的，是否应当承担行政责任。

【法院裁判要旨】

北京市门头沟区人民法院经审理认为：居委会属于基层群众自治性组织。根据《全国人口普查条例》第三条第四款、《北京市统计条例》第八条等规定，某居委会具有依据法律、法规、规章的授权履行统计相关人口数据的职责。孟某、陈某到邓某家中进行人口抽样调查工作，孟某持有相关统计证件，负有行政法规所赋予的统计职责；陈某虽不具有相关统计证件，但从行为性质而言，属于协助居民委员会工作人员共同进行人口抽样调查的行为，亦应认定为履行统计职责的行为。从身份上看，孟某、陈某属于居民委员会工作人员，在履行统计职责时亦应视为行政机关工作人员。

行政机关工作人员在执行职务时因故意或者重大过失侵犯公民合法权益造成损害的，一是承担民事责任，即承担部分或者全部的赔偿费用；二是承担行政责任，即由有关行政机关依法给予行政处分。同时，依照刑法规定，构成犯罪的，还应当承担刑事责任。行政机关工作人员执行职务时的侵权行为，不应当给予治安管理处罚。本案中，孟某、陈某虽为居民委员会工作人员，但履行的是行政法规所赋予的统计职责，可视为行政机关工作人员，而邓某的报警事项实质指向行政机关工作人员执行职务过程中的行为。行政机关工作人员具有依法进行社会管理的职责，其在依法执行职务过程中是否存在因故意或过失给行政相对人造成侵害行为，不属于治安管理处罚法的调整范围，故邓某的报警事项不属于公安机关的职责范围。《终止案件调查决定书》仅是针对上述事项向邓某所采取的一种书面告知，并未改变公安机关对于邓某的报警事项本身不具有管辖职权的性质，在公安机关对于邓某的报警事项本身不具有法定职责的情形下，无论以履责之诉还是撤销之诉方式提起诉讼，均不属于行政诉讼的受案范围，故邓某要求撤销《终止案件调查决定书》的诉讼请求，不符合法定的起诉条件，依法予以驳回。基于此，对邓某要求撤销《行政复议决定书》的诉讼请求，应一并予以驳回。

北京市门头沟区人民法院依照《中华人民共和国行政诉讼法》第四十九条第四项，《最高人民法院关于适用〈中华人民共和国行政诉讼法〉的解释》第六十九条第一款第一项、第一百三十六条第七款的规定，裁定如下：

驳回邓某的起诉。

邓某不服，提起上诉。北京市第一中级人民法院经审理认为：邓某所诉被非法侵入他人住宅行为发生于行政机关工作人员履行统计相关人口数据职务期间，应视为行政机关工作人员履行职务的行为，针对该行为，邓某可通过其他法律途径予以救济。一审法院认定邓某所主张的涉案事项不属于公安机关履行治安管理职责的范围，亦不属于行政诉讼的受案范围，并无不当。而某街道派出所针对邓某的报警事项作出被诉终止调查决定书，系履行法定的程序答复义务，该情形并不影响答复内容可诉性的判断。综上，邓某所提诉讼不符合法定起诉条件，不属于行政诉讼的受案范围，依法应予驳回。

北京市第一中级人民法院依照《中华人民共和国行政诉讼法》第八十九条第一款第一项之规定，裁定如下：

驳回上诉，维持一审裁定。

【法官后语】

全面推进依法治国，基础在基层，工作重点在基层。基层治理法治化，是国家治理体系和治理能力现代化的重要内容。在以往的行政审判视野中，基层治理状况主要由以乡镇政府、街道办事处为被告的案件来反映。而村、居两委根据法律、法规、规章的授权或者基于政府及其派出机关的委托，事实上也在大量履行着行政管理职责。然而，对于村、居两委工作人员依法履行职责拒不配合的情形时有发生。对于村、居两委工作人员依法履行职责的行为，公民应当予以配合。村、居两委的职责有三重来源：一是基层群众性自治组织对自主管理范围内公共事务的自治权；二是法律、法规、规章授权的行政管理职责；三是受行政机关委托行使涉及行政权力的事项。至于村、居两委工作人员的违法行为，基于村、居两委在权力属性上存在多重特征，应当根据不同情形确定其职责定位和责任承担方式。

村、居两委行使公共事务自治权时，并不改变权力属性，主要承担民事赔偿责任，相关工作人员承担民事赔偿责任、行政处罚责任或刑事责任。村、居两委工作人员在执行职务时因故意或者重大过失侵犯公民合法权益造成损害的，应当承担赔偿损失的民事责任；同时属于治安管理处罚法规定的违反治安管理行为的，应当给予治安管理处罚；构成犯罪的，还应当承担刑事责任。

村、居两委行使授权或受委托的权力时，权力属性发生改变，主要承担违法行政责任，相关工作人员承担民事赔偿责任、行政处分责任或刑事责任。一是村、居两委的违法行政责任。针对村、居两委依据授权履行行政管理职责的违法行为，可以村、居两委为被告提起行政诉讼获得救济；对于村、居两委受行政机关委托作出的违法行为，可以委托机关为被告提起行政诉讼获得救济。二是村、居两委工作人员的民事赔偿责任、行政处分责任、刑事责任。无论是依授权还是受委托，村、居两委行使的都是国家公权力，应当将相关村、居两委工作人员扩大解释为行政机关工作人员，其从事相应工作时的行为，因故意或者重大过失侵犯公民合法权益造成损害的，应当承担赔偿损失的民事责任、行政处分的行政责任，但不应当给予治安管理处罚；构成犯罪的，还应当承担刑事责任。

编写人：北京市门头沟区人民法院　韩明生

28

行政机关行使法律法规规定的自由裁量权时应当考虑相关因素

——严某诉某区市场监督管理局、某市市场监督管理局行政答复及行政复议案

【案件基本信息】

1. 裁判书字号

北京市第四中级人民法院（2019）京04行终12号行政判决书

2. 案由：行政答复及行政复议纠纷

3. 当事人

原告（上诉人）：严某

被告（被上诉人）：某区市场监督管理局（以下简称某区市监局）、某市市场监督管理局（以下简称市市监局）

【基本案情】

严某向原某区工商分局（现为某区市监局）举报某外卖平台，称其于2019年2月11日19点51分通过该平台预订外卖，该笔订单配送超时且平台拒绝告知其所执行的外卖配送服务相关标准，侵害了消费者知情权、选择权、公平交易权，隐瞒了与消费者有重大利害关系的信息，是对消费者的欺诈行为，要求查处。严某在原有举报内容的基础上，举报某外卖平台违反相关规定，未在其服务平台与外卖配送包装上标注和对外公示所执行的外卖服务配送标准，该外卖平台的运营公司营业执照的经营范围中并不包括餐饮送餐服务，其开展餐饮外卖送餐业务属于无照经营。

原某区工商分局经调查作出被诉回复，主要内容为：一、关于某外卖平台没有对外公开自己执行的外卖配送服务标准，没有在其服务平台与外卖配送包装上标注所执行的外卖服务配送标准问题，不属于工商部门职责，建议严某向质量技术监督部门反映此问题；二、关于对消费者的欺诈行为问题，某外卖平台在严某下单时已向严某推送了“预计送达时间：2019-02-11 21：21：19”等信息，实际送达时间“2019-2-11 21：05：26”在预计送达时间之前，不存在欺诈消费者的行为；三、关于某外卖平台营业执照的经营范围内不包括餐饮送餐服务，其开展餐饮外卖送餐服务业务属于无照经营问题，餐饮外卖送餐服务属于“企业依法自主选择经营项目，开展经营活动”的范围，某外卖平台不是无照经营。依据《工商行政管理机关行政处罚程序规定》第十七条、第十九条的规定，决定不予立案。

因机构改革，原某区工商分局、原某区质量技术监督局、原某区食品药品监督管理局等部门的职能整合划归新成立的某区市监局。严某不服被诉回复，向市市监局申请行政复议。市市监局作出被诉复议决定，对原某区工商分局作出的被诉回复予以维持。严某仍不服，遂成讼。

【案件焦点】

1. 行政机关行使法律、法规规定的自由裁量权时应当如何考虑相关因素；2. 针对公民、法人或者其他组织提出的两项或以上虽存在关联性但又具有可分性和不同法律效果的投诉举报事项，行政机关应当如何处理。

【法院裁判要旨】

北京互联网法院经审理认为：严某的诉讼请求均无事实和法律依据，不予支持。

北京互联网法院依照《中华人民共和国行政诉讼法》第六十九条、《最高人民法院关于适用〈中华人民共和国行政诉讼法〉的解释》第一百三十六条第一款的规定，判决如下：

驳回严某的全部诉讼请求。

严某不服，提起上诉。北京市第四中级人民法院经审理认为：第一，原某区工商分局未充分考虑本案中存在的具体情况，仍选择在某区市监局正式挂牌成立的前一天向严某邮寄被诉回复，告知严某向“质量技术监督部门”反映相关问题，导致严某于2019年3月16日收到被诉回复时，某区市监局于当日正式挂牌成立，此时已不存在单独设置的“质量技术监督部门”。基于此，原某区工商分局作出的该项处理明显不当，依法应予纠正。第二，原某区工商分局在被诉回复中对于严某认为某外卖平台侵犯其知情权、选择权、公平交易权的举报事项未予回应。同时，原某区工商分局在认定某外卖平台不存在欺诈行为时并未具体针对严某提出的该项理由作出阐述。基于此，原某区工商分局作出的该项处理存在遗留举报事项以及说理不充分的情形。第三，在被诉回复中，原某区工商分局仅以餐饮外卖送餐服务属于“企业依法自主选择经营项目，开展经营活动”的范围为由，认定“某外卖平台不是无照经营”，存在事实不清、说理不充分的情形。

北京市第四中级人民法院依照《中华人民共和国行政诉讼法》第七十条第一项和第六项、第七十九条、第八十九条第一款第二项以及《最高人民法院关于适用〈中华人民共和国行政诉讼法〉的解释》第一百三十六条第三款之规定，判决如下：

一、撤销一审判决；

二、撤销被诉回复；

三、撤销被诉复议决定；

四、责令某区市监局在法定期限内针对严某的举报重新作出处理；

五、驳回严某的其他诉讼请求。

【法官后语】

本案系一起市场监督管理行政二审案件，涉及标准实施与监管、消费者权益保护、公司登记等多个行政管理领域和多个法律规范体系。同时对于行政机关处理投诉举报事项以及行使行政裁量权等具有多重指导意义。

就本案的裁判思路而言，行政诉讼以行政行为合法性审查为中心，在认证、说理和回应诉求等方面需要密切关注并妥善处理行政程序与诉讼程序、行政权与司法权的关系。本案判决围绕当事人争议焦点问题，从多个方面层层递进进行说理，努力体现法理、事理与情理相融合，逻辑性、体系性和说服力较强。与此同时，本案中原告提出多项诉讼请求，涵盖了行政诉讼中原告诉讼请求的大部分常见情形，判决书进行了类型化处理并对原告诉求一一进行甄别和回应，较为准确地体现了行政诉讼的特点。

就本案涉及的疑难问题而言，一是对行政机关行使法律法规规定的自由裁量权时应当考虑相关因素。一般认为，相关因素包含“法定因素”和“常理因素”。具体而言，本案属于没有考虑常理因素，即法律、法规及规章中没有明确规定，但按照情理和惯例一般都要予以考虑的情形。本案中，原某区工商分局在某区市监局即将挂牌成立前一天仍告知向质量技术监督部门反映情况，等到原告收到被诉回复时，某区市监局已经成立，处理事项仍是其法定职责范围，此种答复一般人均认为处理的结果不符合常理。二是针对公民、法人或者其他组织提出的两项或以上虽存在关联性但又具有可分性和不同法律效果的投诉举报事项，行政机关应当如何处理。实践中，行政机关对公民举报不予答复、迟延答复或者答复与举报不符等情形仍时有出现，举报答复行为亟需规范，“有举报必有答复”，举报答复行为的意义在于规范行政主管部门对违法行为举报的受理、办理、告知等工作程序，同时也为相对人程序权利保障提供规范。本案中，对投诉举报人提出的两项以上虽存在关联性但又具有可分性和不同法律效果的内容，应当分别说明理由和依据，从而能够起到规范举报答复行为内容和说明理由程序的作用。

就本案的裁判价值而言，本案表明，行政机关并不享有完全自由的裁量权。行政机关在行使法律、法规规定的自由裁量权时应当考虑相关因素，因未考虑相关因素导致行政行为明显不当的，人民法院应当判决撤销或部分撤销，并可以判决行政机关重新作出行政行为。本案也提示行政机关应当增强证据意识。在行政诉讼中，作为被告的行政机关应当对其作出的行政行为承担举证责任。如果行政机关提供的证据不足以证明其认定的事实，则应当承担不利的诉讼后果。本案对行政机关依法处理投诉举报事项具有借鉴意义。行政机关应当准确认定公民、法人或者其他组织的投诉举报事项并依法作出处理，在对投诉举报人提出的两项或以上虽存在关联性但又具有可分性和不同法律效果的投诉举报事项一并作出处理时，应当分别说明理由和依据。

编写人：北京市第四中级人民法院　李振凡

29

复议机关未经通知补正，径行作出不利于申请人的处理，违反正当程序原则

——吴某诉某自治州人民政府行政复议案

【案件基本信息】

1. 裁判书字号

贵州省高级人民法院（2020）黔行终118号行政判决书

2. 案由：行政复议纠纷

3. 当事人

原告（被上诉人）：吴某

被告（上诉人）：某自治州人民政府（以下简称某州政府）

【基本案情】

2019年7月11日，某市政府作出〔2019〕150号《关于对经济开发区新城项目、房屋征收补偿安置方案的批复》（以下简称150号批复），同意某镇政府（隶属于前述某市政府）制定的《经济开发区新城项目房屋征收补偿方案》《经济开发区新城项目土地征收补偿方案》。该两份补偿方案载明：征收主体为某市政府，征收实施单位为某镇政府。2019年9月2日，吴某以某市政府作出

前述批复，同意由某镇政府具体实施征收其位于附城村八组的承包地、宅基地，侵犯其合法权益为由，向某州政府提出行政复议申请，请求确认某市政府实施征收吴某承包地、宅基地的行政征收行为违法。某州政府于 2019 年 9 月 6 日作出〔2019〕60 号《行政复议不予受理决定书》（以下简称 60 号复议决定），以征收吴某所涉承包地、宅基地系某镇政府，其向某州政府申请行政复议，主体明显不适格为由，依照《中华人民共和国行政复议法》第十七条之规定，决定对吴某提出的行政复议申请不予受理。吴某不服，遂提起诉讼，请求判决撤销某州政府作出的 60 号复议决定，并判令某州政府重新作出行政行为。

【案件焦点】

某州政府作出 60 号复议决定，对吴某的复议申请不予受理是否合法。

【法院裁判要旨】

贵州省黔南布依族苗族自治州中级人民法院经审理认为：根据《中华人民共和国土地管理法》第四十六条、第四十七条和《中华人民共和国土地管理法实施条例》第二十六条之规定，国家征收集体土地的，依照法定程序批准后，由市、县级以上地方人民政府予以公告并组织实施。因此，市、县级人民政府是征收集体土地的法定征收主体。本案中，吴某提供的两份补偿方案载明征收主体为某市政府，征收实施单位为某镇政府，而某镇政府为某市政府的下级政府，其按照某市政府的工作安排，具体实施征收工作，实质是为完成某市政府对吴某涉案土地的征收。吴某对涉案土地的具体行政征收行为不服，即对作为涉案项目用地法定征收主体的某市政府所作出的相关行政行为不服，其向某州政府申请行政复议，符合《中华人民共和国行政复议法》第十三条第一款的规定。另，根据《中华人民共和国行政复议法》第十七条第一款的规定，即使某州政府经审查发现吴某申请的复议主体不适格，也应当告知吴某向有关行政复议机关提出。但某州政府未履行告知义务，径行作出不予受理复议决定，亦违反法定程序。

关于某州政府辩称吴某的复议请求不明确的问题，根据《中华人民共和国行政复议法实施条例》第二十九条“行政复议申请材料不齐全或者表述不清楚的，行政复议机构可以自收到该行政复议申请之日起 5 日内书面通知申请人补正”之规定，某州政府收到复议申请经审查申请人的复议请求若不明确，其亦应作出补正通知，要求其补正或明确复议请求。本案中，某州政府在未向吴某送达补正通知书的情形下，以吴某的“主体明显不适格”为由决定不予受理其复议申请，亦违反前述法律规定。

贵州省黔南布依族苗族自治州中级人民法院依照《中华人民共和国行政诉讼法》第七十条之规定，判决如下：

一、撤销某州政府于 2019 年 9 月 6 日作出的 60 号复议决定；

二、责令某州政府于本判决生效后在法定期限内重新作出行政行为。

二审法院同意一审法院裁判意见。

【法官后语】

正当程序原则的核心内容之一是行政机关在作出对行政相对人不利的处理决定时，应当听取相对人的陈述和申辩。《中华人民共和国行政复议法实施条例》第二十九条规定的通知补正程序正是保障复议申请人的陈述申辩权利。

行政复议机关在收到申请人提交的申请书后，应在五日内按照《中华人民共和国行政复议法实施条例》第二十八条的规定，对复议申请是否符合受理条件进行审查，重点在于复议机关对复议申请是否符合该条规定的各项内容作出认定与判断。通常情况下，复议机关根据申请书上的重要内容（申请人与被申请人、具体的复议请求和事实理由等），结合申请人提交的材料，可以就复议申请是否符合受理条件作出初步的判断。少数情况下，复议机关根据申请书及申请人提交的材料，并不能明确作出判断，此时就需要对复议申请的各项内容进行实质识别。复议机关结合案件实际情况，应通过该条例第二十九条规定的通知补正程序，确定申请人需要补正的内容，目的在于通过复议机关通知补正的程序，让申请人进一步补全材料或修正表述，避免因举证能力不足或表述不清而造成审查上的困难，同时也进一步保障申请人的复议权利。

结合到本案，申请人提出的“复议请求”针对的行政主体实施的行政行为与“事实和理由”针对的行政主体及实施的行政行为并不完全一致，复议机关如认为申请人表述不清楚，结合其提交的材料，亦存在审查识别困难的情形下，应通知申请人补正，后根据申请人的补正情况依法作出处理：如申请人明确拒绝补正或不作出任何回应的消极不补正的，复议机关可依据“无正当理由逾期不补正”视为其放弃复议申请；如申请人根据复议机关通知补正的事项进行了补正，则意味着申请人积极地弥补不符合受理条件的瑕疵，复议机关应予以受理；如申请人未按补正通知进行补正，而是出具书面意见，表明其主观上认为无需补正或客观上已无法补正的，复议机关应根据申请人之前提交的材料就是否符合受理条件进行审查认定，作出是否受理的决定。然而，本案复议机关经简单审查即认为申请人系对某镇政府的行政行为不服，但与申请人提交的行政复议申请书中“被申请人”和“复议请求”均不一致，未通知申请人进行补正，径行认定不符合受理条件，作出案涉不予受理决定。此种情形下，申请人的复议申请权未得到充分保障，复议机关违反了正当程序原则。

综上，在行政复议中，复议机关如认为申请人提交的复议申请存在材料不齐、表述不清或请求不明等情形，不宜直接就其请求实质作出推定，应对复议申请进行审查识别，并通过通知补正程序，听取申请人的陈述和申辩，而后根据补正情况分别作出处理，充分保障申请人的复议申请权。复议机关未经通知补正，径行作出不利于申请人的处理，违反正当程序原则，属程序违法，应予撤销。

编写人：贵州省高级人民法院　孟婷　黄千柏

30

行政行为送达的认定标准

——邱某诉某市市场监督管理局行政复议案

【案件基本信息】

1. 裁判书字号

北京市第一中级人民法院（2020）京01行终233号行政判决书

2. 案由：行政复议纠纷

3. 当事人

原告（被上诉人）：邱某

被告（上诉人）：某市市场监督管理局（以下简称某市市监局）

【基本案情】

2018年5月7日，某区市监局接到邱某关于某一大卖场涉嫌销售不符合食品安全标准的食品的投诉。某区市监局经调查，于同年11月5日作出《举报办理结果告知书》（以下简称举报告知）。邱某不服举报告知，于2019年4月12日向某市市监局申请行政复议，某市市监局受理后，于同年7月9日作出被诉复议决定，认定2018年11月9日，某区市监局按照邱某预留的地址以挂号信方式向邱某邮寄举报告知，该挂号信于同月10日被签收。某市市监局认为，邱某于2019年4月12日提出复议申请，明显超出行政复议申请的法定期限，不属于行政复议的受理范围，依据《中华人民共和国行政复议法实施条例》第四十八条第一款第二项之规定，决定驳回邱某的行政复议申请。邱某不服，诉至法院，请求撤销被诉复议决定。

【案件焦点】

邱某提出的行政复议申请是否超过了法定期限。

【法院裁判要旨】

北京市海淀区人民法院经审理认为：某区市监局通过挂号信方式向邱某邮寄送达举报告知，虽然回执上注明收件日期为2018年11月10日，但邮件查询记录显示的收件人为“村邮站”，并非邱某本人。核实挂号信签收情况录音记录显示的邮政所答复的签收人与实际签收人不一致，故该录音记录仅能反映某区市监局执法人员就挂号信的送达情况与邮政所相关人员进行了核实，并不能客观反映出彼时挂号信确已由邱某本人签收。另外，邱某提交的其领取挂号信时的短信通知以及其补充提交的投递部出具的《情况说明》进一步证实了邱某本人并未在2018年11月10日对挂号信进行签收，而是在2019年2月19日方收到挂号信的事实。因此，某市市监局根据前述邮件查询记录以及录音记录即认定2018年11月10日挂号信已经向邱某送达，并认定邱某应自2018年11月10日起六十日内提出行政复议申请，进而认为邱某于2019年4月12日提出申请，明显超出行政复议法定期限，系认定事实不清。

北京市海淀区人民法院依照《中华人民共和国行政诉讼法》第六十九条及第七十条第一项之规定，判决如下：

一、撤销被诉复议决定；

二、责令某市市监局在法定期限内对邱某的行政复议申请重新作出处理；

三、驳回邱某的其他诉讼请求。

某市市监局不服，提起上诉。北京市第一中级人民法院经审理同意一审法院的认定，并进一步认为：某区市监局向邱某以邮寄涉案举报告知书的方式进行送达并无不当，但在案证据不能证明某区市监局于2018年11月10日完成了送达。根据业已查明的事实，某区市监局向邱某邮寄涉案举报告知书的挂号信于2018年11月10日由“村邮站”签收。参照《村邮站服务规范》第三条、第九条的规定，村邮站是设在建制村（含农村社区）负责接收、转交邮件的固定场所。村邮站接收邮件后，须将邮件转交收件人。故采取此种投递方式，应当以村邮站将邮件转交收件人的时间为完成送达的时点。虽然某区市监局以录音记录及电话记录为据主张经2019年1月25日电话询问中国邮政，得到的回答是签收人为邱某。但该录音记录及电话记录未明确村邮站将信件转交收件人的时间，且与“邮政包裹—挂号信—平邮”查询系统所载明的系由“村邮站”签收的内容不符，不足以证明该挂号信已于2018年11月10日被邱某签收。某市市监局亦没有提交证据证明村邮站转交邮件的行为属于《村邮站服务规范》第十二条第二款所规定由村邮站代收寄邮件之情形，因此不能认定村邮站签收是村邮站接受收件人邱某的委托，代为签收邮件的行为，在案证据不能证明涉案举报告知书在2018年11月10日送达邱某。

北京市第一中级人民法院依照《中华人民共和国行政诉讼法》第八十九条第一款第一项的规定，判决如下：

驳回上诉，维持一审判决。

【法官后语】

本案争议的焦点是邱某提出的行政复议申请是否超过了复议申请期限。判断此问题的核心是被复议的行政行为完成送达的具体时间。邱某主张自己实际是2019年2月19日方收到村邮站转交的涉案挂号信。某市市监局则认为，涉案挂号信于2018年11月10日已经由“村邮站”签收，且经电话询问被告知邮件已经被邱某签收，故认为该日即完成了送达。双方争议的实质是实践中的难题之一，即如何认定行政行为送达的具体时间。

1. 行政行为送达的一般理论与实践

行政行为的送达，是指行政主体将有关的行政决定和在行政过程中形成的行政意向告知或明示行政相对人并使行政相对人予以受领的法律行为。[①] 行政行为的送达对于行政相对人至为重要，意味着其具有了某项特定的权利和义务，可以起算对某特定行政行为提起行政复议、诉讼的期限等。

---

① 田瑶：《论行政行为的送达》，载《政法论坛》2011年第5期。

行政行为的送达，既是理论命题，也是法律制度中的重要课题之一。但关于行政行为送达的理论和制度均不甚完善，尤其是在法律制度上，关于行政行为送达的程序规定欠缺，行政行为送达的方式、效力等重要问题，在现行法律制度中还没有统一的规定。行政处罚法、行政复议法等少数几部法律对送达有所涉及，但均将送达的期限、方式指向民事诉讼法的规定。在更多的行政管理领域，有关行政行为送达的期限、方式等均处于制度真空状态。当有关行政行为送达的争议进入司法程序，解决这一难题的出路，就是以司法制度中的送达进行“类推”。这一“无奈”之举，业已成为执法和司法的实践共识。

故而，关于行政行为送达的认定，需要结合具体的送达方式来探讨。关于行政行为送达的方式，从行政执法和司法实践的角度来看，民事诉讼法规定的直接送达、委托送达、邮寄送达、公告送达、电子送达等方式均有被运用，运用得最多的是直接送达和邮寄送达。直接送达即当面向受送达人送达行政文书。

实践中容易发生争议的是邮寄送达。以邮寄方式向当事人送达行政文书的，存在送达有效性、送达日期的认定等问题。关于送达的有效性，容易出现争议的事项在于：一是送达的内容，即行政机关在邮寄封面上未写清邮寄内容，导致无法举证证明送达的是该特定文书；二是送达的地址，即行政机关在邮寄送达时，未向当事人确认送达地址，导致邮寄地址为无效地址；三是送达的时间。实践中，上述情况并不少见。前两个问题因是技术操作问题，经过司法纠正与示范，现已得到了较好地解决。容易出现问题的是送达时间的认定问题。邮寄送达，一般而言，应以受送达人签收为据。但实践中，一方面，邮寄送达的方式本身是多样的，有挂号信、平邮以及各种快递；另一方面，投递签收的途径也是多样的，除了本人签收，还有指定代收。随着社会管理的进步和科学技术的发展，在投递的途径方面，出现了智能快递柜、快递驿站等新的代收签收平台。在认定是否实现了送达、何时送达时，需要结合具体的送达方式、送达途径以及相应的法律规定来判断。

2. 经村邮站送达的具体认定

本案中，某区市监局以邮寄送达的方式，向邱某送达涉案举报告知书，

“邮政包裹—挂号信—平邮”查询系统显示，该挂号信于2018年11月10日由“村邮站”签收。那么，村邮站签收能否认定即已完成送达呢？某市市监局即认为，村邮站签收日，即表示已经完成送达，开始起算复议申请期限。这一认定不符合我国邮政法律制度的相关规定。

《中华人民共和国邮政法》第二条第一款规定，国家保障中华人民共和国境内的邮政普遍服务。据此，国务院邮政管理部门于2015年3月24日出台《村邮站服务规范》，规范农村地区村邮站等接收邮件场所的设置，确保农村地区，尤其是偏远农村地区的邮政服务规范。参照《村邮站服务规范》第三条、第九条、第十二条第二款的规定，村邮站是设在建制村（含农村社区）负责接收、转交邮件的固定场所。村邮站接收邮件的行为并不是签收行为，在接收邮件后，须将邮件转交收件人。故采取此种投递方式，应当以村邮站将邮件转交收件人的时间为完成送达的时点，除非有证据证明村邮站在当地邮政管理部门进行了代收服务登记备案且收件人委托了村邮站代收。

故而，虽然某区市监局提交了录音记录及电话记录，但在该录音记录及电话记录中，并没有明确村邮站将信件转交收件人邱某的时间。在与查询系统载明的“村邮站”签收明显不符的情况下，不能证明该挂号信系于2018年11月10日被邱某签收，且没有证据证明村邮站的行为系代收行为。因此，某区市监局认定举报告知书已于2018年11月10日被邱某签收的主张不能成立。

3. 行政行为未实际送达行政相对人，复议申请期限的确定

根据行政复议法第九条第一款规定，公民、法人或者其他组织认为具体行政行为侵犯其合法权益的，可以自知道该具体行政行为之日起六十日内提出行政复议申请；但是法律规定的申请期限超过六十日的除外。此处复议申请期限的起算标准系知道该具体行政行为。有邮寄送达行政文书的情况下，应当以行政相对人收到该行政文书的日期为复议申请期限的起算日期。本案中，因在案证据不能证明邱某于2018年11月10日签收了涉案邮件，故某市市监局以2018年11月10日起算复议申请期限系事实不清、证据不足。法院予以纠正，于法有据。

编写人：北京市第一中级人民法院　薛峰　张婷婷　郎莉萍

九、行政协议

31

基础事实变动情况下房屋征收补偿协议效力的认定及履行

——王小青诉某区人民政府房屋征收办公室行政协议案

【案件基本信息】

1. 裁判书字号

北京市第二中级人民法院（2020）京02行再5号行政判决书

2. 案由：行政协议纠纷

3. 当事人

原告（上诉人）：王小青（化名）

被告（被上诉人）：某区人民政府房屋征收办公室（以下简称某区征收办）

【基本案情】

某房屋为电力公司自管公房，原承租人王某于2015年1月5日去世，王某与吴某（2005年9月去世）系夫妻，二人育有七个子女：王小红、王小橙、王小黄、王小绿、王小青、王小蓝、王小紫（以上皆为化名）。2015年上述房屋被政府列为棚户区改造项目征收范围。2016年4月14日，原告王小青与物业公司签订《公有住宅租赁合同》。同年4月28日，某区征收办（甲方）与原告（乙方）签订《棚户区改造项目房屋征收补偿协议》（以下简称被诉征补协议）。主要内容为：甲方向乙方实际支付被征收房屋结算金额5231569.67元，乙方应在政府作出征收决定之日起十个工作日内，将被征收房屋腾空，并将被征收房屋（含自建房屋）、设备、装修及附属物移交给甲方拆除。同年5月5日，王小青将房屋交予征收部门拆除。同年5月10日，物业公司出具《说明》，内容为："因4月22日物业公司为王小青开具的房屋租赁合同资料经核实有误、与实际情况不符，现请棚改办冻结作废，将其承租人更正为原承租户王某。"后被告某区征收办未发放相应的征收补偿款。

2017年8月9日，王小红、王小橙、王小黄、王小绿、王小蓝因继承纠纷起诉王小青、王小紫，北京市西城区人民法院于2019年6月28日作出（2017）京0102民初24154号民事判决书认为，依据房屋产权单位的意见，涉案房屋承租人更正为王某，据此，王小青不具有涉案房屋承租人地位，亦不具有被征收人的主体资格。涉案房屋的承租人为王某，故征收部门因房屋征收所给付的补偿，应视为王某承租权益的转化财产，作为王某遗产在本案中进行处理并无不妥；王某去世前未留有遗嘱，故其遗产应按照法定继承进行处理。故判决：原王某承租的公房被征收所取得的补偿款由原、被告共同继承、按份共有，每人享有款项份额的七分之一。王小青、王小紫不服，提起上诉，2019年8月27日，北京市第二中级人民法院作出终审判决：驳回上诉，维持原判。

王小青认为，其作为本案的被征收人，在政府实施征收中积极配合拆迁和安置工作，但某区征收办在签订被诉征补协议后，至今未履行合同给付补偿款的义务。现其诉至法院，请求依法判令某区征收办履行被诉征补协议，支付补偿款5231569.67元。

【案件焦点】

1. 被诉征补协议效力如何认定；2. 涉案补偿款能否作为遗产进行分配。

【法院裁判要旨】

北京市西城区人民法院经审理认为：与传统单方行政行为不同，行政协议兼具行政性与协议性双重特点。人民法院对行政协议进行审查时，既要审查行为的合法性，也要审查行为的合约性。在合约性审查中更多的是要考虑合同双方当事人的合意，在不违背法律、法规强制性规定及不存在法定无效情形下，不可轻易否定协议效力。就本案而言，原告王小青在签订被诉征补协议时持有涉案房屋的《公有住宅租赁合同》，由于当时未购买涉案房屋，因此王小青以涉案房屋承租人的身份签订被诉征补协议符合法律规定，亦未侵犯国家、集体或其他合法权益。后来涉案房屋产权单位否定了原告的承租人地位，但王小青已将涉案房屋交付某区征收办方拆除，可视为其已经履行相应的交房腾房义务。同时，生效民事判决已基于产权单位关于承租人的认定，将涉案补偿款视为原承租人王某的遗产，由包括王小青在内的其他继承人共同继承。在此情况下否定被诉征补协议的效力，不利于维护已趋于稳定的征收补偿关系，对推进征收补偿工作、解决当事人纠纷并无益处。同时，否定协议效力容易形成“房屋征收部门可先行签订协议，解决腾房问题后再找理由否定协议效力”的误导，不仅有损被征收人合法权益，亦有悖将行政协议纳入行政诉讼受案范围的立法初衷。现生效民事判决已经认定原承租人王某的第一顺位继承人均有权继承补偿款项七分之一的份额，此时王小青的法律地位已从签订合同时公房承租人转变为公房承租人补偿款的继承人，涉案房屋的补偿款不变，只是王小青所占份额发生变化。此种情况下，某区征收办理应按照生效法律文书并结合本案实际情况给付相应的补偿款；庭审中某区征收办同意按照民事判决给付补偿款，对此法院不持异议。

北京市西城区人民法院依照《中华人民共和国行政诉讼法》第七十八条、《最高人民法院关于审理行政协议案件若干问题的规定》第十九条之规定，判决如下：

一、某区征收办向王小青支付 747367.1 元；

二、驳回王小青的其他诉讼请求。

王小青上诉称，一审判决否定了王小青承租人的身份，属于认定事实错误。北京市第二中级人民法院经审理认为：本案中，涉案房屋属电力公司自管公房，该单位有权自主确定房屋承租人。产权单位撤销了王小青的承租人资格，确认涉案房屋的承租人变更回王某。王小青主张的公房承租人地位没有得到产权单位的认可。且现有生效民事判决认定，房屋征收补偿款为王某承租权益的转化，属于王某遗产，由其七个子女平均分配。据此，王小青的法律地位转变为公房承租人补偿款的继承人。现某区征收办同意依照民事判决履行被诉征收补偿协议，给付王小青七分之一份额的补偿款，不持异议。

北京市第二中级人民法院依照《中华人民共和国行政诉讼法》第八十九条第一款第一项之规定，判决如下：

驳回上诉，维持一审判决。

【法官后语】

根据《国有土地上房屋征收与补偿条例》的规定，房屋所有权人为被征收人。在涉及公有房屋包括自管公房、直管公房征收时，通常采取的路径是承租人先行购买房屋（对价一般在补偿款中扣除），而后再以房屋所有权人的名义签订征收补偿协议。本案所涉及的核心问题在于征收补偿协议签订后，作为基础事实的公房承租人发生变动时，房屋征收补偿协议的效力如何认定及履行。

本案审理过程中存在较大争议。有观点认为，承租关系的确定是房屋补偿协议签订的基础，如果承租人发生变动，意味着被征收人错列，进而导致后续的征收补偿协议无效，否则将突破《国有土地上房屋征收与补偿条例》关于房屋所有权人的强制性规定。故本案应当确认协议无效并判决驳回原告的诉讼请求。本判决未采纳此种观点，而是综合考量各方利益，本着实质性化解行政争议的目的，尽量使协议效力存续并促进履行。

第一，从保护当事人权益的角度来看，本案原承租人已经去世，基于生效民事判决，其承租权所对应的征收补偿权益已作为遗产进行分割，对原告承租权的否定并不导致其作为继承人对征收补偿利益的分配权的丧失。若完全否定协议效力，将使原告无法及时获得其本应享有的征收补偿利益。

第二，从规范征收补偿行为的角度来看，本案承租权属争议源于单位自有公房管理的问题，不可归责于房屋征收部门。不考虑责任归属而径行否定协议效力，将导致依法进行的征收补偿工作推倒重来，既有违行政效率原则，亦将征收补偿法律关系置于不稳定状态，削弱征收行为的公信力。同时，在原告已履行腾房义务的情况下否定征收补偿协议效力，将产生不良的导向作用，不利于督促行政机关谨慎立约、守诺履约。

第三，从实质解决争议的角度来看，本案行政争议由家庭内部继承纠纷转化而来，在继承份额已通过民事诉讼确定的情况下，行政法官应当尊重民事诉讼结果，并作出与之精神相一致的判决，方能捋顺民事、行政两种法律关系，使救济途径衔接顺畅、相互协调。本案为发回重审的案件，已另经民事两审，行政一审、二审及再审，诉讼时间长达五年。如本案否定协议效力，将再次导致争议悬而未决，使征收补偿款项的发放继续延宕，损害其他无异议继承人的合法权益，不利于行政争议的实质化解。

行政协议是现代行政管理活动的新方式，其合约性和意定性特点决定了行政协议较之传统的单方性、高权性的行政行为更灵活、更善于平衡各方利益。因此，法院对行政协议的效力应当审慎评价，尽可能促使协议有效履行。

编写人：北京市西城区人民法院　盛亚娟　曹实

32

特许经营协议的单方解除应遵循行政行为的程序合法性要求

——环保公司诉某市城市管理执法委员会行政协议案

【案件基本信息】

1. 裁判书字号

湖北省宜昌市中级人民法院（2020）鄂05行终46号行政判决书

2. 案由：行政协议纠纷

3. 当事人

原告（上诉人）：环保公司

被告（被上诉人）：某市城市管理执法委员会（以下简称某市城管委）

【基本案情】

2013年6月8日，原某市城管局（甲方，现为某市城管委）与环保公司（乙方）签订了《特许经营协议》，确定环保公司作为当地生活垃圾焚烧发电厂BOT项目的投资人。《特许经营协议》约定，环保公司应根据法律法规的规定，通过法定程序选择并委托有相应资质的单位编制项目申请报告、进行环境影响评价，并获得有关部门的批准。环保公司应于本协议签订之日起3个月内开工建设，并在开工之日起18个月内建成并投入试运行。《特许经营协议》第十五章约定了协议终止的事由，包括环保公司违约、原某市城管局违约、不可抗力、协商一致及特许期满的终止。其中，非不可抗力或原某市城管局违约所致，环保公司未履行本协议和服务协议的义务构成实质性违约，并且在收到原某市城管局要求说明其违约并予以补救的书面通知后三十日内仍未能补救该实质性违约，如果有允许的期限而在该期限内未能得到纠正，即构成环保公司违约事件，原某市城管局有权立即发出终止意向通知。协议第十七章约定"因可归责于环保公司而有下列情形之一者，构成违约：(1) 环保公司逾期开工超过六十日"，"因可归责于环保公司的原因，环保公司不能在本协议约定的开工日期开工，某市城管局有权全额没收建设期履约保证金并终止本协议"。

协议签署前后，环保公司陆续完成了建设项目选址、建设用地预审、安全预评价、社会稳定风险评估等前期工作，但未取得湖北省环保厅关于涉案项目环境影响报告书的批复，故无法报请湖北省发改委进行项目核准。2013年11月18日，环保公司取得《环评批复》，因已超过湖北省发改委要求的报请核准的期限，未能上报核准。直至2019年9月本案开庭审理时，环保公司仍未取得湖北省发改委项目核准批复，亦未开工建设。

2018年12月25日，某市城管委向环保公司作出《解除特许经营协议的函》，决定解除其与环保公司签订的《特许经营协议》。环保公司对《解除特许经营协议的函》有异议，多次与某市城管委就《解除特许经营协议的函》来往函件。某市城管委于2019年2月19日复函称，因环保公司未按时完成前期工作、未按时开工、违反了《特许经营协议》约定，某市城管委有权解除协议，并告知环保公司可依法提起行政复议及行政诉讼的救济途径。环保公司不服上述决定，遂提起本案行政诉讼。

【案件焦点】

1. 某市城管委解除《特许经营协议》的条件是否成立；2. 某市城管委解除《特许经营协议》的程序是否合法。

【法院裁判要旨】

湖北省宜昌市西陵区人民法院经审理认为：行政协议兼具行政性及协议性，在与行政法律规范不相冲突的情况下可以参照使用民事法律规范。调整合同关系的民事法律规范，在不违反有关行政法强制性规定的情况下，可以适用于行政协议。当事人一方迟延履行债务致使不能实现合同目的，另一方可以解除合同。原告取得涉案项目特许经营授权后，在长达近六年的时间里一直未启动项目建设，生活垃圾处置事关社会公共利益和公共安全，若不及时、有效、合理地进行处置，会给社会和环境造成严重危害。原某市城管局与原告签订《特许经营协议》就是为了通过建设生活垃圾焚烧发电厂，实现城市生活垃圾处理的现实需求，但原告至今未能取得湖北省发改委项目核准文件，亦未取得建设用地规划许可证、建设工程施工许可证以及城市生活垃圾经营性处置服务许可证，故不能履行协议约定的对生活垃圾进行集中处置的义务，已经致使合同目的不能实现。故某市城管委解除《特许经营协议》的条件成就、事实清楚。

除了约定的解除程序，政府特许经营的解除亦应遵循行政行为的程序合法性要求。根据《基础设施和公用事业特许经营管理办法》第五十一条的规定，特许经营者认为行政机关作出的具体行政行为侵犯其合法权益的，有陈述、申辩的权利，并可以依法提起行政复议或者行政诉讼。可见，在行政行为作出时，陈述、申辩等权利是行政相对人的法定权利，行政机关对此应履行必要的告知义务，否则构成程序违法。本案中被告未按照《特许经营协议》约定的程序作出终止意向通知，亦未依照《基础设施和公用事业特许经营管理办法》规定在作出解除决定前给予原告公司陈述、申辩的权利于法无据。但被告解除《特许经营协议》的条件成就、事实清楚，且被告在作出被诉《解除特许经营协议的函》后多次与原告就解除决定来往函件听取原告的陈述、申辩意见并予以回复，并于2019年2月19日书面告知环保公司可依法提起行政复议及行政诉讼的救济途径。原告亦据此提起本案行政诉讼，救济途径得以保障，故该行政行为程序轻微违法，但未对原告权利产生实际影响。

湖北省宜昌市西陵区人民法院根据《中华人民共和国行政诉讼法》第七十四条第一款第二项、《最高人民法院关于审理行政赔偿案件若干问题的规定》第三十三条之规定，判决如下：

一、确认被告某市城管委于2018年12月25日作出的《解除特许经营协议的函》程序违法，但不予撤销；

二、驳回原告环保公司要求某市城管委赔偿因项目延误所致损失的诉讼请求。

二审法院同意一审法院裁判意见。

【法官后语】

市政公用事业特许经营，是指政府按照有关法律、法规规定，通过市场竞争机制选择市政公用事业投资者或者经营者，明确其在一定期限和范围内经营某项市政公用事业或者提供某项服务的制度。行政机关为实现公共利益的需要对市政公用事业与经营者签订的特许经营协议具有行政法上的权利义务内容，属行政协议。

1. 行政协议解除的实体审查

既然行政机关采用"行政协议"而非单方行政行为来调整双方之间权利义务关系，那么在涉及合同解除时亦应紧扣双方协议约定，首先在民法典框架内审查是否出现双方约定的解除事由或法定事由，避免行政优益权的滥用。原告取得涉案项目特许经营授权后，在长达近六年的时间里一直未启动项目建设，生活垃圾处置事关社会公共利益和公共安全，若不及时、有效、合理地进行处置将会给社会和环境造成严重危害，故行政机关可以为了国家利益、社会公共利益行使行政优益权单方面解除合同。但该事实若用合同法律关系去评价，则可以理解为原某市城管局与原告签订《特许经营协议》就是为了通过建设生活垃圾焚烧发电厂，实现城市生活垃圾处理的现实需求，但原告至今未能取得湖北省发改委项目核准文件，亦未取得建设用地规划许可证、建设工程施工许可证以及城市生活垃圾经营性处置服务许可证，故不能履行协议约定的对生活垃圾进行集中处置的义务，已经致使合同目的不能实现。根据民法典第五百六十三条第一款第四项的规定，当事人一方迟延履行债务或者有其他违约行为致使不能实现合同目的，另一方可以解除合同。行政机关即可依照双方协议约定及民法典关于单方面解除的规定作出解除决定，尚无行使行政优益权的必要。但是，法院在审理裁判时亦应保持谦抑，在可以用具体的合同法律法规去评判时，不宜直接用原则性的条款去作为判定行政行为合法性的理由。

2. 行政协议解除的程序审查

即使在民事法律关系框架下达到了协议解除的条件，也需遵循双方约定的解除程序。除此之外，政府特许经营的解除亦应遵循行政行为的程序合法性要求。根据《基础设施和公用事业特许经营管理办法》第五十一条的规定，特许经营者认为行政机关作出的具体行政行为侵犯其合法权益的，有陈述、申辩的权利，并可以依法提起行政复议或者行政诉讼。可见，在行政行为作出时，陈述、申辩等权利是行政相对人的法定权利，行政机关对此应履行必要的告知义务，否则构成程序违法。本案中被告未按照《特许经营协议》约定的程序作出终止意向通知，亦未依照《基础设施和公用事业特许经营管理办法》规定在作出解除决定前给予原告公司陈述、申辩的权利于法无据。

那么对于单行法未对解除程序作出明确规定的行政协议的解除，笔者认为，依然应当遵循正当程序原则，对于对行政相对人影响较大的，应在解除前对于欲作出的解除决定予以告知，赋予相对人陈述、申辩的权利，通过陈述申辩，充分听取行政相对人意见，回应行政相对人的质疑，使得行政机关更谨慎的作出解除决定。对于行政相对人影响重大，应尽量给予听证的机会，让行政机关在作出解除决定前再次对决定的事实和依据梳理，让解除决定建立在充分的事实和法律依据上。另，在作出解除时应参照行政行为，应告知当事人提起复议或诉讼的救济权利。

3. 裁判外的行政争议实质性化解

审理期间，承办人多次与双方沟通寻找是否存在变更协议促成协议继续履行协议的可能。后因湖北省能源局表示考虑到该项目所采用的技术方案目前尚无生产实践，进行技术论证的条件尚不充分，建议先开展生产试验，而原告拒不同意先进行试验的方案，故最后未能达到通过修正或变更措施促成协议履行、化解行政争议的目的。行政行为的作出应当同时兼顾实际情况和协议约定，并应考虑公平负担和利益负担。原告在协议签订时缴纳了大额的保证金，从合理性的角度考量，因原告公司为涉案项目开展了大量前期工作，行政机关解除特许经营协议客观上给其造成了一定程度的损失，故判决后我院主动向被告发送《司法建议书》，建议被告退还原告公司缴纳的保证金，让原告公司在虽未获得判决支持的情况下亦能感受到司法的温度。

编写人：湖北省宜昌市西陵区人民法院　冯丽娥

33

行政机关单方解除行政协议的审查认定

——生物科技公司诉某市综合行政执法局行政协议案

【案件基本信息】

1. 裁判书字号

浙江省台州市中级人民法院（2020）浙10行终277号行政判决书

2. 案由：行政协议纠纷

3. 当事人

原告（被上诉人）：生物科技公司

被告（上诉人）：某市综合行政执法局

【基本案情】

2018 年 7 月 16 日，某市人民政府制定《某市有机废弃物综合处置中心项目建设方案》，明确原告在某市启动餐厨垃圾生物技术处理试点工作。2018 年 11 月 29 日，原、被告签订了《某市餐厨垃圾处理试运行项目合同书》，约定将某市餐厨垃圾处理试运行项目交给原告。2019 年 3 月 6 日，原告作出《关于某市餐厨垃圾处理试运行项目的报告》，向被告提出暂停运行的申请。2019 年 3 月 18 日，被告作出《关于某市餐厨垃圾处理试运行项目暂停运行报告的回复》，认为原告提出暂停运行的理由与双方签订的合同条款不符，要求原告按照合同继续履行相关义务，恢复已停运单位的餐厨垃圾收运处置工作。2019 年 9 月 12 日，被告作出《解除合同通知书》，决定根据合同的约定，解除与原告签订的《某市餐厨垃圾处理试运行项目合同书》，原告遂提起诉讼，要求撤销被告作出的《解除合同通知书》。三门县人民法院判决撤销被告作出的《解除合同通知书》，合同继续履行。被告提起上诉后又撤回上诉。

原告持有的城市生活垃圾经营性清扫、收集、运输服务许可证的有效期为 2018 年 11 月 29 日至 2019 年 11 月 28 日，许可期限届满后，原告向被告申请重新办理上述许可证。2020 年 1 月 16 日，被告审批通过原告的申请，该许可证于 2020 年 3 月 26 日被原告领取。2020 年 1 月 16 日，被告认为原告未恢复餐厨垃圾的处置工作，委托法律顾问向原告邮寄律师函，要求原告在 30 日内全面恢复餐厨垃圾的收运和处置，否则将行使法定合同解除权，解除双方合同。2020 年 2 月 18 日，原告班子会议讨论决定解除其与被上诉人签订的行政协议，并于 2 月 19 日委托法律顾问再次向原告发送律师函，以原告收到律师函后，在指定期限内仍不按合同约定履行全面恢复餐厨垃圾的收运和处置义务，严重违约状态持续为由，解除双方签订的《某市餐厨垃圾处理试运行项目合同书》。原告称自己未收到第一份律师函，不认可合同解除事由，双方就合同解除发生争议，遂成讼。

【案件焦点】

被告以律师函的形式通知解除《某市餐厨垃圾处理试运行项目合同书》是否合法。

【法院裁判要旨】

浙江省三门县人民法院经审理认为：本案原、被告签订的《某市餐厨垃圾处理试运行项目合同书》系行政协议，行政协议既有行政管理上的“行政性”，又有公私合意的“合同性”。被告委托律师于2020年1月16日发出律师函履行的是一种告知义务，旨在给予原告履行合同的宽限期，通知原告在30日内恢复餐厨垃圾的收运和处置，否则被告将行使法定解除权解除合同。但从在案证据来看，原告未收到该份律师函。在被告给予原告宽限期的情况下，被告即在2020年2月19日再次发出律师函解除合同依据不足。从行政协议所具有的“行政性”来说，被告在作出解除行政协议时，应遵循法定程序，履行基本的告知义务，通知合同相对人解除合同的原因及能否采取补救措施，以保证对方的陈述申辩、提出异议、寻求救济的权利，进而体现出程序的合法性和正当性。本案被告作出的解除合同依据为原告未在其宽限期内恢复餐厨垃圾的收运和处置。在无法证明原告收到第一份律师函的情况下，被告作出该解除合同的决定不符合法定程序。被告委托作出的律师函实际上是一种行使告知义务的通知，不具备作出行政行为时所具有的法律效力。因此，被告通过律师函的形式行使解除合同的行为不符合法律规定。综上，被告于2020年2月19日委托律师发出律师函解除合同证据不足，行政行为不当，应予撤销。

浙江省三门县人民法院依照《中华人民共和国行政诉讼法》第七十条之规定，判决如下：

撤销被告某市综合行政执法局于2020年2月19日作出的解除《某市餐厨垃圾处理试运行项目合同书》的通知，《某市餐厨垃圾处理试运行项目合同书》继续履行。

二审法院同意一审法院裁判意见。

【法官后语】

本案的审理要点在于行政机关单方解除行政协议的合法性审查。《最高人民法院关于审理行政协议案件若干问题的规定》第十一条规定，人民法院审理行政协议案件，应当对被告订立、履行、变更、解除行政协议的行为是否具有法定职权、是否滥用职权、适用法律法规是否正确、是否遵守法定程序、是否明显不当、是否履行相应法定职责进行合法性审查。法院在审理时，应围绕这几个方面逐一评判。

1. 是否具有法定职权

一般而言，签订行政协议的行政机关为有权解除协议的主体，但是也存在行政授权和行政委托的情形，也可能出现签订协议的一方与实际履行者不一致的情形，法院应根据案件的实际情况审查。

2. 是否滥用职权

行政协议是指行政机关为维护公共利益、实现行政管理目标与相对人之间经过协商一致达成的协议。行政协议对各方当事人均具有约束力，各方当事人均应按协议约定的内容履行权利义务，非因公共利益需要或国家法律政策发生重大调整，行政机关不得行使行政优益权单方变更、解除合同。所以法院应在保持审慎的前提下，重点把握行政机关解除协议的理由。

3. 适用法律法规是否正确

一般而言，行政机关单方解除协议应有法律法规的规定作为依据，但满足合同中关于单方解除的条款时，对行政机关单方解除协议行为的审查，可以适用民事法律规范。本案中，被告于2020年2月18日经班子会议讨论决定解除其与被上诉人签订的行政协议。但是，行政委托不同于民事主体的委托代理，解除行政协议应以行政机关的名义作出解除决定，而不应以法律顾问的名义作出解除通知。

4. 是否遵守法定程序

行政机关在行政协议法律关系中除了具有协议一方的身份，还负有管理社会公共事务的法定职责。因此，法律法规对行政机关实施行为有更加严格的规定和要求，行政机关实施行政行为应当遵循法定的行政程序。即使法律法规对相关行政程序未作出明确规定，行政机关也须遵循正当程序原则实施行政行为。本案中，被告在作出解除决定前既未履行告知义务，也未听取原告的陈述和申辩，程序违法。

5. 是否明显不当

明显不当的评判，应当参考行政行为作出的多种因素，根据具体的情形斟酌处理。基本上可以归纳为以下几个方面：（1）行政机关行使裁量权时没有考虑相关因素，或者考虑了不相关因素；（2）行政机关没有遵循已形成的裁量基准；（3）行政机关没有正当理由，违反行政先例；（4）行政机关违反法律基本原则，如比例原则、信赖保护原则等。行政机关单方解除行政协议时，应尽量采取可以补救的措施，避免"一刀切"的做法，导致相对人的权益受损。只有万不得已，不解除协议将对公共利益造成损害时，才能行使行政优益权解除协议。本案中，依照双方签订的协议约定，原告在收到被告作出的说明其违约并要求限期改正，采取补救措施的书面通知后尚有60日的补救期限。而且从之前法院作出的继续履行协议的判决生效到2020年2月19日被告作出解除决定的时间也未达到60日。因此，被告认为原告构成根本性违约缺乏事实根据，解除协议行为明显不当。

编写人：浙江省三门县人民法院　周祺

34

行政机关能否单方就行政协议作出执行决定

——五金公司诉某市自然资源和规划局土地行政决定案

【案件基本信息】

1. 裁判书字号

浙江省温州市中级人民法院（2020）浙03行终681号行政判决书

2. 案由：土地行政决定纠纷

3. 当事人

原告（上诉人）：五金公司

被告（被上诉人）：某市自然资源和规划局

【基本案情】

某区分局是某市自然资源和规划局的派出机构。2007 年 12 月 30 日，某区分局（甲方）与原告五金公司（乙方）签订《国有土地使用权出让合同（工业）》及《〈国有土地使用权出让合同〉补充条款〈工业建设项目〉》。《国有土地使用权出让合同（工业）》约定，甲方出让给乙方的地块位于某工业区，面积为 42163 平方米，土地使用权出让年限为五十年，自合同签订之日起计算。土地用途工业，该地块的土地总额为 1264.89 万元。《〈国有土地使用权出让合同〉补充条款〈工业建设项目〉》第三条约定“受让人除按照出让合同第十三条约定日期动工建设外，同意 2009 年 10 月 30 日前完成项目竣工验收。受让人按照出让合同第十三条约定提出延建申请，并经出让人同意延建的，则其项目竣工验收日期按批准延建的时间相应顺延”。第九条约定“受让人未按照出让合同补充条款第三条第一款约定日期或第二款约定延建日期完成项目竣工验收的，须向出让人支付相当于土地出让金总额 10%的违约金”。出让合同签订后，原告办理了国有土地使用权登记，并进行了动工建设，但至今未完成项目竣工验收。鉴于原告存在竣工违约行为，某区分局于 2019 年 3 月 8 日作出《缴纳违约金通知书》，要求原告 7 日内缴纳竣工违约金 126.489 万元。原告拒绝签收通知书，某区分局于 2019 年 4 月 22 日在政府官方网站上公告送达缴纳通知。2019 年 7 月 22 日，某区分局作出被诉行政决定，原告不服，提起本案诉讼。

【案件焦点】

被诉行政行为是否合法。

【法院裁判要旨】

浙江省温州市瓯海区人民法院经审理认为：行政协议是行政机关为了实现行政管理或者公共服务目标，与公民、法人或者其他组织协商订立的具有行政法上权利义务内容的协议。某区分局与原告五金公司签订的《国有土地使用权出让合同（工业）》及《〈国有土地使用权出让合同〉补充条款〈工业建设项目〉》符合行政协议本质特征，属于行政协议范畴。案涉出让合同系双方真实意思表示，合法有效。针对出让合同土地受让方违约的情况，在 2015 年 5 月 1 日修订的行政诉讼法施行前，土地管理部门通常以提起民事诉讼的方式行使权利。在修订的行政诉讼法实施后，土地管理部门已无法以提起民事诉讼的方式主张权利，故对于 2015 年 5 月 1 日之前订立的行政协议，可纳入行政诉讼的受案范围，根据行政诉讼法的规定，行政机关不能成为行政诉讼的原告。基于以上事实，在原告五金公司未按照协议约定履行义务的情况下，某区分局以行政决定书的形式向原告收取竣工违约金，并无不当。

行政协议作为一种行政手段，既有行政性又有协议性，人民法院审理行政协议案件，可以参照适用民事法律规范关于民事合同的相关规定。当事人可以约定一方违约时根据违约情况向对方支付一定数额的违约金，也可以约定因违约产生的损失赔偿额的计算方法。本案中，原告至今未完成竣工验收事实清楚，被告根据协议约定向原告收取违约金，符合法律规定及合同约定。《中华人民共和国行政诉讼法》第七十五条规定："行政行为有实施主体不具有行政主体资格或者没有依据等重大且明显违法情形，原告申请确认行政行为无效的，人民法院判决确认无效。"故原告的诉请理由不足，不予支持。

浙江省温州市瓯海区人民法院依照《中华人民共和国行政诉讼法》第六十九条的规定，判决如下：

驳回五金公司的诉讼请求。

二审法院同意一审法院裁判意见。

【法官后语】

1. 本案是否属于行政诉讼受案范围

根据《最高人民法院关于审理行政协议案件若干问题的规定》第一条、第二条第三项的规定，行政机关为了实现行政管理或者公共服务目标，与公民、法人或者其他组织协商订立的具有行政法上权利义务内容的协议，属于行政诉讼法第十二条第一款第十一项规定的行政协议，如矿业权等国有自然资源使用权出让协议。案涉合同是市、县人民政府土地管理部门作为出让方将国有土地使用权在一定年限内让与受让方，受让方支付土地使用权出让金的协议，符合前述行政协议的特征，属于行政协议。《最高人民法院关于审理行政协议案件若干问题的规定》第四条第一款规定，因行政协议的订立、履行、变更、终止等发生纠纷，公民、法人或者其他组织作为原告，以行政机关为被告提起行政诉讼的，人民法院应当依法受理。本案中，被诉行政决定系因双方在案涉合同的履行中发生争议，被告行政机关为责令原告五金公司按照该合同的约定支付违约金而作出，故原告五金公司对被诉行政决定提起本案诉讼，系因行政协议的履行发生的纠纷，属于行政诉讼受案范围。

2. 本案能否适用行政诉讼法及行政协议相关规定

《最高人民法院关于审理行政协议案件若干问题的规定》第二十八条规定，2015 年 5 月 1 日后订立的行政协议发生纠纷的，适用行政诉讼法及本规定。2015 年 5 月 1 日前订立的行政协议发生纠纷的，适用当时的法律、行政法规及司法解释。本案中，案涉合同于 2007 年即 2015 年 5 月 1 日之前签订，按前述规定应当适用当时即 2007 年的法律、行政法规及司法解释，但当时对行政机关单方就行政协议作出执行决定的行为没有作出规定，也没有可以参照的法律法规，因此选择适用与 2015 年 5 月 1 日之后订立的行政协议相同的规定，并无不当。

3. 行政机关能否单方就行政协议作出执行决定

《最高人民法院关于审理行政协议案件若干问题的规定》第二十四条第一款规定，公民、法人或者其他组织未按照行政协议约定履行义务，经催告后不履行，行政机关可以作出要求其履行协议的书面决定。公民、法人或者其他组织收到书面决定后在法定期限内未申请行政复议或者提起行政诉讼，且仍不履行，协议内容具有可执行性的，行政机关可以向人民法院申请强制执行。原告对案涉合同系双方经合意签订以及约定的违约金内容均无异议，被告行政机关在原告行政协议相对人违约且经催告仍拒不按约定支付违约金的情况下，根据前述第二十四条的规定单方作出被诉行政决定，责令原告限期依约支付违约金，亦无不当。

编写人：浙江省温州市瓯海区人民法院　蔡新星

35

行政机关直接依据行政协议实施强拆系违法行为

——魏某诉某镇人民政府行政强制执行及行政协议案

【案件基本信息】

1. 裁判书字号

江苏省南通市中级人民法院（2020）苏06行终617号行政判决书

2. 案由：行政强制执行及行政协议纠纷

3. 当事人

原告（被上诉人）：魏某

被告（上诉人）：某镇人民政府（以下简称某镇政府）

【基本案情】

因项目建设需要，某镇政府拟对某地块实施协议搬迁，魏某的房屋在该地块范围内。2019年10月11日，某镇政府与拆迁公司签订《房屋征收委托实施协议》，委托拆迁公司实施上述房屋项目征收工作。11月18日，拆迁公司与魏某签订《房屋征收补偿安置协议》，协议载明魏某所有的被征收房屋建筑面积为189平方米，土地使用面积为135.14平方米，补偿款共计2960998元，同时选择公寓房进行安置。魏某在《房屋征收交房交接单》上签字，载明的交房日期为2019年12月6日。2019年12月17日起，拆迁公司组织拆迁人员对魏某的房屋先后实施数次拆除，其间魏某多次报警，房屋拆除时屋内有部分物品未搬离。房屋拆除后，魏某未领取补偿款，也未选择补偿安置房屋。魏某对强拆行为不服提起诉讼，请求确认某镇政府强制拆除魏某房屋的行为违法。

【案件焦点】

某镇政府拆除魏某房屋的行为是否违法。

【法院裁判要旨】

江苏省南通经济技术开发区人民法院经审理认为：拆迁公司系由某镇政府委托实施案涉征收拆迁工作，故案涉拆除行为视为某镇政府作出的行政行为。征收双方虽已签订补偿协议，但协议约定的补偿条款并未履行，魏某也未选择补偿安置房屋，且魏某在房屋拆除过程中通过多次报警阻止拆除，拆除时房屋内尚留有部分生活用品未搬离。在魏某未实际获得补偿安置且明确表示反对拆除房屋前提下，某镇政府没有对被征收房屋自主实施强制拆除的法定职责，也没有履行必要的行政强制程序，依法应当确认违法。

江苏省南通经济技术开发区人民法院依照《中华人民共和国行政诉讼法》第七十四条第二款第一项之规定，判决如下：

确认某镇政府于2019年12月17日强制拆除魏某房屋的行为违法。

某镇政府不服，提出上诉。江苏省南通市中级人民法院经审理认为：某镇政府与被搬迁人签订搬迁协议、实施房屋拆除等行为虽然是在与被搬迁人协商一致的情况下进行，但最终是为了实现行政管理的目的，故属于行政行为。因此，即使协议搬迁行为本身没有明确的法律规定，仍应当符合房屋、土地征收法律法规的相关规定及精神。《国有土地上房屋征收与补偿条例》第二十七条规定，实施房屋征收应当先补偿、后搬迁。《最高人民法院关于审理行政协议案件若干问题的规定》第二十四条第一款规定，公民、法人或者其他组织未按照行政协议约定履行义务，经催告后不履行，行政机关可以作出要求其履行协议的书面决定。公民、法人或者其他组织收到书面决定后在法定期限内未申请行政复议或者提起行政诉讼，且仍不履行，协议内容具有可执行性的，行政机关可以向人民法院申请强制执行。在协议搬迁过程中，即使被搬迁人与搬迁人签订了搬迁协议，也不代表搬迁人即可对被搬迁房屋实施强制拆除，搬迁人实施强制拆除的前提还包括被搬迁人自愿将房屋交付拆除，且在拆除过程中不持异议。如果被搬迁人在未获安置补偿的情况下拒绝交付房屋或者拒绝拆除，只能视为被搬迁人拒绝履行协议，搬迁人应当申请人民法院强制执行。虽然拆迁公司与魏某签订了《征收补偿安置协议》，魏某另在《房屋征收交房交接单》上签字，但是无论上述协议是否合法有效，在魏某明确拒绝某镇政府实施拆除且未获得补偿安置的情况下，某镇政府不得直接依据协议实施拆除行为。一审判决确认某镇政府强制拆除魏某房屋的行为违法，并无不当。

江苏省南通市中级人民法院依照《中华人民共和国行政诉讼法》第八十九条第一款第一项之规定，作出如下判决：

驳回上诉，维持原判。

【法官后语】

依法行政强调的是行政机关对自身行为的约束和规范，并不排斥行政机关在与相对人协商一致的情形下实现管理目标。部分行政机关与相对人签订拆迁安置补偿协议后，在协议效力未定、相对人未获补偿的情况下，往往以履行协议为由，直接实施拆除房屋行为，从而引发纠纷。《最高人民法院关于审理行政协议案件若干问题的规定》第二十四条第一款规定了相对人未履行行政协议时行政机关的救济路径，明确行政机关申请法院强制执行行政协议的前提条件及相关司法审查标准，对维护相对人合法权益、促进协议当事人依法依约履行协议，具有重要意义。

1. 相对人未履行拆迁补偿安置协议的主要表现

签订拆迁补偿安置协议后，在相对人自愿的基础上，并不排斥行政机关实施强拆行为。但是，如相对人拒绝履行协议，行政机关则应当履行申请强制执行程序。因此，如何认定相对人是否自愿履行协议，是否构成不履行协议，既是行政机关申请强制执行协议的前提条件，也是认定行政机关强拆行为是否违法的关键问题。

一是相对人针对协议提起诉讼。相对人针对协议提起行政诉讼理由主要包括，认为行政机关使用欺诈、胁迫或者暴力逼迁等手段与相对人签订协议或者签订空白协议等。二是相对人以实际行动拒绝履行协议，如相对人在约定的交房日未腾空房屋，不予配合交房，相对人通过报警、投诉等方式对强拆行为的合法性提出质疑等。三是相对人未获得补偿或拒绝接受补偿。无论集体土地征收还是国有土地上房屋征收，“先补偿，后搬迁”都是行政机关履行协议的前提条件，如果相对人未获得补偿安置或者拒绝接受补偿安置，均视为未满足先补偿的条件。以上情形都表明了相对人对协议不认可，行政机关不得按照协议约定履行拆房行为。但是，如果相对人已经获得了安置补偿，且自愿腾空交房，行政强拆过程也处于平和状态，未发生任何冲突，即使事后相对人对强拆行为有异议，也不能认为行政机关属于违法强拆。

2. 相对人不履行拆迁安置补偿协议时行政机关的救济路径

《最高人民法院关于审理行政协议案件若干问题的规定》第二十四条第一款规定了公民、法人或者其他组织未按照行政协议约定履行义务时，行政机关不得直接按照协议约定强制执行，而是应当作出要求其履行协议的书面决定后，向人民法院申请强制执行。行政协议本身不宜直接作为执行依据，只能以行政机关根据协议作出要求相对人履行行政协议义务的决定为执行依据，申请法院强制执行。一是履行催告程序。行政机关在作出限期拆除决定前，应当履行催告程序，这既是正当程序原则、柔性执法的应有之义，也是行政强制法的具体要求。通常情况下，催告行为是不可诉的，当事人对催告通知有异议，可以向催告的行政机关提出申辩。二是作出强制执行决定。行政强制法第三十七条第二款第二项规定了强制执行决定应载明“强制执行的理由和依据”，因行政协议往往关涉重大利益，故履行协议的决定尤其要注重对解除理由的说明，说明理由是强制执行决定的法定义务。

3. 法院对强制执行决定的审查强度

法院对行政强制执行决定的审查，实际上涉及两个维度的审查：一是作为被诉行政行为的审查；二是作为非诉执行标的的审查。二者司法审查的强度是不同的。

一是作为被诉行政行为的审查。《最高人民法院关于审理行政协议案件若干问题的规定》第十一条第一款规定，人民法院审理行政协议案件，应当对被告订立、履行、变更、解除行政协议的行为是否具有法定职权、是否滥用职权、适用法律法规是否正确、是否遵守法定程序、是否明显不当、是否履行相应法定职责进行合法性审查。虽然表面上法院审理的对象是作为单方行政行为的履行协议决定，但实际上是对行政协议进行全面的合法性、合约性审查，此时的审查强度，即等同于行政协议之审查强度。二是作为非诉执行标的的审查。进入申请强制执行程序后，要么相对人在法定期限内未申请复议或者诉讼，或者已经过诉讼，法院已对强制执行决定的合法性已经进行了审查，此时的审查强度为非诉执行标的的审查强度，即类似于无效行为的重大且明显违法审查标准。但是，如果行政机关在作出书面决定后，没有告知相对人不诉讼将引起强制执行的不利后果，则适用非诉执行案件的审查强度就有失允当。此时一般应适用被诉行政行为的审查标准。

编写人：江苏省南通市中级人民法院　张祺炜　金保阳

36

行政协议确定不发生效力的适用情形

——张某诉某区人民政府行政协议案

【案件基本信息】

1. 裁判书字号

陕西省渭南市中级人民法院（2020）陕05行初14号行政判决书

2. 案由：行政协议纠纷

3. 当事人

原告：张某

被告：某区人民政府（以下简称某区政府）

第三人：于某

【基本案情】

某区政府依法建设创新创业基地，批准设立“××基地棚户区改造项目指挥部”（以下简称指挥部），由指挥部代表某区政府对该项目房屋征收与补偿。2019年4月4日，张某之母于某以张某名义与前述指挥部（甲方）签订《房屋征收安置协议书》，该协议附表一载明：被征收人张某，安置人口4人，被征收房屋面积358.16㎡，并附该户户口信息。协议第四条约定，甲乙双方经济费用结算见附表三。安置房屋建成后，乙方持本协议书到甲方指定地点按照《安置房分配办法》办理安置房屋相关手续。附表三涉及的房屋补偿费、宅院面积不足360㎡补偿费、附属物补偿费、装修补偿费与评估表评估数额一致。第五条约定，在协议期限内，被拆迁户签订补偿安置协议达到拟拆迁户数的85%以上，本协议生效，指挥部通知被征收人实施搬迁；若签订协议达不到85%，本协议无效。第七条约定，在协议生效后，待乙方将房屋腾空、各种证件交于甲方后，甲方一次性向乙方结清全部补偿款即282815元。2020年1月22日，全部补偿款存入张某名下。目前该户房屋未拆除，张某遂提起诉讼。

【案件焦点】

无权代理人签订的行政协议的效力。

【法院裁判要旨】

陕西省渭南市中级人民法院经审理认为：关于张某主张某区政府没有征地依据即签订安置补偿协议问题，本案所涉项目系典型的公共利益项目，案涉房屋安置协议系协议双方的真实意思表示，不违反行政法规及民事法律规范的强制性规定，不存在法定无效的情形，基于合同双方自愿原则和诚实信用原则，结合项目大部分群众已经按照协议安置的实际情况，亦从维护法律关系的稳定性和保障绝大多数被征地农民合法的安置补偿权益角度出发，某区政府以未取得征地手续否定安置补偿协议的效力的理由不能成立，不予支持。

关于张某主张某区政府在未经其授权的情况下，与第三人签订安置协议的效力问题，《中华人民共和国土地管理法》第六十二条第一款规定，农村村民一户只能拥有一处宅基地，其宅基地的面积不得超过省、自治区、直辖市规定的标准。本案中的拆迁安置均以每户人口数为标准确定安置对象并以此确定安置房屋面积及其他过渡安置费用，根据征收补偿工作的惯例和实践做法，征收人与征收人签订补偿安置协议均以家庭或户为单位。本案张某与第三人于某系母子关系，但已经分户并各自居住，现于某在未经授权的情况下以张某名义签订安置补偿协议，现有证据不能证明其签订协议时有张某的委托授权，于某签订协议的行为为无权代理。行为人没有代理权、超越代理权或者代理权终止后以被代理人名义订立的合同，未经被代理人追认，对被代理人不发生法律效力，由行为人承担责任。现张某对该协议拒绝追认，根据上述规定，该协议对案涉宅基地的实际权利人张某不发生法律效力。《最高人民法院关于审理行政协议案件若干问题的规定》第十五条第一款规定，行政协议无效、被撤销或者确定不发生法律效力后，当事人因行政协议取得的财产，人民法院应当判决予以返还；不能返还的判决折价补偿。本案所涉《房屋征收安置协议书》对原告张某不发生法律效力后，被告已经存入张某名下的拆迁补偿款282815元应予返还。

陕西省渭南市中级人民法院依照《最高人民法院关于审理行政协议案件若干问题的规定》第十二条、第十四条、第十五条之规定，判决如下：

一、张某于本判决生效十日内返还被告某区政府拆迁补偿款282815元；

二、驳回张某其他诉讼请求。

【法官后语】

在行政协议案件中，效力待定合同的认定在实践中争议较大，《最高人民法院关于审理行政协议案件若干问题的规定》第十五条规定了行政协议无效、被撤销或者确定不发生效力的法律后果，但不发生效力的情形在实践中应用较少。本案是行政协议不发生效力的典型案例，可以对此进行探讨。

行政协议兼具行政性和协议性，在审理行政协议案件时不但要适用行政诉讼法，还要适用民事法律规范的相关规定。行为人没有代理权、超越代理权或者代理权终止后，行为人以被代理人名义签订行政协议的，该行为为无权代理。

对于无权代理行政协议的效力问题，在《中华人民共和国行政诉讼法》《最高人民法院关于审理行政协议案件若干问题的规定》中均无明确规定。《最高人民法院关于审理行政协议案件若干问题的规定》第二十七条规定："人民法院审理行政协议案件，应当适用行政诉讼法的规定；行政诉讼法没有规定的，参照适用民事诉讼法的规定。人民法院审理行政协议案件，可以参照适用民事法律规定关于民事合同的相关规定。"在民事法律规范中，《中华人民共和国民法典》第一百七十一条规定："行为人没有代理权、超越代理权或者代理权终止后，仍然实施代理行为，未经被代理人追认的，对被代理人不发生效力。相对人可以催告被代理人自收到通知之日起三十日内予以追认。被代理人未作表示的，视为拒绝追认。行为人实施的行为被追认前，善意相对人有撤销的权利。撤销应当以通知的方式作出。行为人实施的行为未被追认的，善意相对人有权请求行为人履行债务或者就其受到的损害请求行为人赔偿。但是，赔偿的范围不得超过被代理人追认时相对人所能获得的利益。相对人知道或者应当知道行为人无权代理的，相对人和行为人按照各自的过错承担责任。”依照上述规定，无权代理人签订的行政协议未经被代理人追认，对被代理人不发生效力，并不是指在这一情形下代理行为无效，仅是在被代理人追认前，对于被代理人而言处于效力待定状态；但即使未被追认，该行为也不是归于无效，而仅是对被代理人不发生效力，该行为同样可以在代理人与被代理人之间发生相应的法律效力，有关法律后果及法律责任由该代理人承担。

对于无权代理行政协议的法律后果，《最高人民法院关于审理行政协议案件若干问题的规定》第十五条规定：“行政协议无效、被撤销或者确定不发生效力后，当事人因行政协议取得的财产，人民法院应当判决予以返还；不能返还的，判决折价补偿。因被告的原因导致行政协议被确认无效或者被撤销，可以同时判决责令被告采取补救措施；给原告造成损失的，人民法院应当判决被告予以赔偿。”该规定明确了不发生效力的后果，即因行政协议取得的财产，进行双返。笔者通过以上案例，梳理了行政协议不发生效力的情形，为大家提供参考。

编写人：陕西省渭南市中级人民法院　张敏娟

37

后诉提起与前诉相反的诉讼请求是否构成重复起诉

——陈某诉某县人民政府行政协议案

【案件基本信息】

1. 裁判书字号

广西壮族自治区来宾市中级人民法院（2020）桂 13 行初 449 号行政裁定书

2. 案由：行政协议纠纷

3. 当事人

原告：陈某

被告：某县人民政府（以下简称某县政府）

【基本案情】

2017 年 11 月 13 日，陈某与某县政府签订了《征收土地协议书》，该协议书约定：征收陈某的土地 2 宗，面积共 7.1472 亩；按规定扣除征收土地总面积的 15%作为预留安置用地，安置用地性质为国有划拨，由县住建部门按规划统一选址；按规定扣除预留安置用地 1.0721 亩后，实际应给予补偿的征地面积为 6.0751 亩；协议还对补偿依据及标准等内容进行了约定。陈某对该《征收土地协议书》有异议，以某县政府作为被告，于 2020 年 1 月 9 日向法院提起行政诉讼，请求：1. 确认某县政府与陈某签订的“征收土地协议”无效，征收土地行为违法；2. 判令某县政府恢复 7.1472 亩土地原状并归还。法院经审理，于 2020 年 5 月 28 日作出（2020）桂 13 行初 24 号行政裁定，以超过起诉期限为由，驳回陈某的起诉。陈某不服该行政裁定，已提起上诉。该案目前处在二审流程。2020 年 9 月 30 日，陈某又以某县政府为被告诉至法院，请求：1. 判令某县政府履行与其签订的征收土地协议书第三条约定，即向其交付 318 平方米的安置面积；2. 判决某县政府给其办理 582 平方米面积的“两证一书”，即建设工程规划许可证、建设用地规划许可证、建设项目选址意见书，132 平方米的不动产权证。经法院释明后，陈某不愿撤诉。

【案件焦点】

陈某前诉请求确认协议无效案件在上诉程序中，后诉又请求履行协议，后诉提起与前诉相反的诉讼请求是否构成重复起诉。

【法院裁判要旨】

广西壮族自治区来宾市中级人民法院经审理认为：根据《最高人民法院关于适用〈中华人民共和国行政诉讼法〉的解释》第六十九条第六项的规定，重复起诉，已经立案的，应当裁定驳回起诉；第一百零六条规定，当事人就已经提起诉讼的事项在诉讼过程中或者裁判生效后再次起诉，同时具有下列情形的，构成重复起诉：（一）后诉与前诉的当事人相同；（二）后诉与前诉的诉讼标的相同；（三）后诉与前诉的诉讼请求相同，或者后诉的诉讼请求被前诉裁判所包含。在本案中，陈某在提起本案诉讼之前，曾于2020年1月9日以某县政府作为被告提起行政诉讼，诉讼标的也是针对涉案的土地征收协议，前诉请求确认土地征收协议无效，本诉即后诉请求履行土地征收协议，前诉与后诉的当事人相同、诉讼标的同一、后诉提起与前诉相反的诉讼请求，构成了重复起诉，而前诉现在还在二审流程中，涉案土地征收协议的效力无法确定导致后诉即本案无法受理。同时，办理建设工程规划许可证、建设用地规划许可证、建设项目选址意见书及不动产权证属于某县政府下属职能部门的职责，且陈某也未举证证明某县政府及其职能拒绝办理相关许可证及不动产权证，故陈某的该项诉请被告主体不适格。

广西壮族自治区来宾市中级人民法院依照《中华人民共和国行政诉讼法》第十九条，《最高人民法院关于适用〈中华人民共和国行政诉讼法〉的解释》第六十九条第六项、第一百零六条的规定，作出如下裁定：

驳回陈某的起诉。

【法官后语】

禁止重复起诉来自“诉讼拘束”“一事不再理”及既判力理论。为节约司法资源及提高诉讼效率，保持生效裁判的稳定性，避免同一案件重复审理甚至作出矛盾的裁判，当事人不得就已经提起的同一诉讼案件再另行起诉。本案争议的焦点问题在于当事人前诉请求确认行政协议无效，该案还在上诉程序审理过程中，当事人又提起诉讼请求行政机关履行行政协议，诉讼请求内容相反，是否构成重复起诉。

1. 重复起诉认定标准——后诉与前诉符合同一性要求

依据《最高人民法院关于适用〈中华人民共和国行政诉讼法〉的解释》第一百零六条规定，当事人就已经提起诉讼的事项在诉讼过程中或者裁判生效后再次起诉，同时具有下列情形的，构成重复起诉：（一）后诉与前诉的当事人相同；（二）后诉与前诉的诉讼标的相同；（三）后诉与前诉的诉讼请求相同，或者后诉的诉讼请求被前诉裁判所包含。构成重复起诉的后诉与前诉案件须符合三个同一性要件，即当事人相同、诉讼标的相同、诉讼请求相同。具有“同一性”的当事人不是简单地指当事人姓名或名称相同，其包括原审当事人、当事人的承继人、诉讼担当人等，而其中的原审案件的当事人是受“一事不再理”原则所拘束的最直接的主体。诉讼标的相同就是“一事不再理”原则中的“一事”，即当事人在实体法上相一致的权利义务或者法律关系。行政诉讼案件一般系针对行政行为的合法性进行审查，但行政诉讼的标的并不能等同于行政行为。所谓诉讼请求相同，可以是当事人提起的诉讼请求完全相同，也可以是后诉的诉讼请求被前诉裁判所包含。在本案中，陈某所提的诉讼请求，实质是以涉案《征收土地协议书》有效进而要求某县政府履行行政协议。履行行政协议需以行政协议有效为前提，无效的行政协议无履行的法律依据及必要性。而在此之前，陈某以某县政府作为被告提起行政诉讼，请求确认行政协议无效，诉讼标的亦是针对涉案的土地征收协议。因此，本案作为后诉与前诉存在当事人相同、诉讼标的相同、后诉提起与前诉实质上相反的诉讼请求，符合重复起诉的同一性的要件，而前诉现在还在上诉审理中，涉案土地征收协议的效力无法确定导致后诉即本案现在无法审理。

2. 后诉与前诉的诉讼请求相反是否可认定为重复起诉

诉讼请求相同系构成重复起诉的要件之一，而当后诉与前诉的诉讼请求表面上看并不相同甚至相反，能否产生后诉被前诉既判力所及的效果。在行政诉讼案件中，原告请求撤销行政行为、确认行政行为违法、确认行政行为无效，以及请求履行行政行为、给付行为，人民法院通常都需要对行政行为是否违法以及违法的程度、是否合法及是否符合履行、给付的依据等进行全面的审查和评价，故在后的诉讼常常因前诉已经进行全面的合法性审查而构成重复起诉。在本案中，陈某的前诉请求确认土地征收行政协议无效，本诉即后诉请求履行土地征收协议，虽然两案的案由不同、诉讼请求也相反，但后诉的诉讼请求实质上将被前诉的裁判所包含，受到前诉裁判的既判力约束。因为涉案土地征收协议是否可以履行，需以该协议有效为前提，所以本案后诉与前诉的当事人相同及诉讼标的同一，而诉讼请求相反，仍然构成重复起诉。

3. 前诉的诉讼程序进展程度是否影响重复起诉的认定

从人民法院接到起诉状时开始，当事人就不得对已经提起的诉讼案件，在诉讼中另行起诉。同时，既判力的原则又要求，在裁判结果确定后，当事人不得就相同诉讼标的再次起诉。《最高人民法院关于适用〈中华人民共和国行政诉讼法〉的解释》第一百零六条对认定重复起诉的诉讼程序进展也有非常明确的规定，包括在诉讼过程中或者裁判生效后。据此，前诉的诉讼进展程度如何，对后诉是否构成重复起诉并没有实质性的影响。无论前诉是尚在诉讼过程中还是已经作出生效裁判，只要符合重复起诉的三个同一要件，后诉就构成重复起诉。在本案中，由于陈某请求确认涉案土地征收协议无效的案件还在上诉程序中，而本案履行行政协议的审查需以前诉为前提，涉案土地征收协议的效力无法确定导致后诉即本案现在无法进行审理，因此本案即后诉构成了重复起诉。

编写人：广西壮族自治区来宾市中级人民法院　韦霄倩　梁良

十、行政赔偿

38

房屋登记违法行为导致直接损失的确定

——马某、刘某诉某市规划和自然资源委员会某区分局行政赔偿案

【案件基本信息】

1. 裁判书字号

北京市第三中级人民法院（2020）京 03 行赔终 84 号行政赔偿判决书

2. 案由：行政赔偿纠纷

3. 当事人

原告（被上诉人）：马某、刘某

被告（上诉人）：某市规划和自然资源委员会某区分局（以下简称市规自委某区分局）

【基本案情】

1995 年 3 月 13 日，徐某与建筑公司签订《售房协议书》，约定该公司将涉案房屋出售给徐某。1995 年 6 月 9 日，徐某获得房产所有证。此后，徐某从未对上述房屋作出过处分。

2009 年 6 月 20 日，王某（甲方）与马某（乙方）签订《房屋买卖定金协议》，甲方将涉案房屋出售给乙方；价款为 36.3 万元。2009 年 6 月 25 日，马

某向王某支付购房款36.3万元。2009年6月26日，建筑公司、马某向市住建委提出所有权转移登记申请。2009年7月3日，市住建委为马某颁发房屋所有权证。2012年2月14日，二原告向市住建委提出申请，申请将涉案房屋的所有权人登记为二人。市住建委于当日予以核准登记，并向二原告分别颁发房屋所有权证。

2017年3月2日，徐某向北京市平谷区人民法院提起两起行政诉讼案件，分别请求确认市住建委向马某颁发房屋所有权证的行为违法、请求撤销二原告的房屋所有权证。北京市平谷区人民法院经审理判决支持了徐某的诉讼请求。后马某、刘某上诉，北京市第三中级人民法院判决驳回上诉，维持一审判决。

2018年10月16日，二原告以建筑公司、王某、市规自委某区分局为被告提起民事诉讼，请求解除房屋买卖合同、返还购房款、赔偿损失等。在审理过程中，涉案房屋经评估确定总价值为170.81万元。2019年2月26日，北京市平谷区人民法院判决：一、解除马某与建筑公司的法定代表人王某于2009年6月20日签订的房屋买卖定金协议；二、建筑公司返还马某、刘某购房款36.3万元；三、建筑公司赔偿马某、刘某房屋差价损失672550元；四、驳回马某、刘某的其他诉讼请求。建筑公司、市规自委某区分局提起上诉，北京市第三中级人民法院判决如下：驳回上诉，维持一审判决。

2019年9月5日，马某、刘某向市规自委某区分局提出赔偿申请。2019年11月6日，市规自委某区分局作出不予赔偿决定。2019年11月7日，二原告提起本案行政赔偿之诉，请求判令被告赔偿房屋差价损失605295元（即房屋评估价值170.81万元与购房款36.3万元差价的45%）。

【案件焦点】

1. 二原告主张的房屋差价损失即涉案房屋的增值是否符合国家赔偿法第三十六条第八项规定的直接损失范畴；2. 被告是否应承担赔偿责任及所应承担的赔偿责任比例；3. 原告在房屋登记中所存在的过错能否构成被告免责的事由。

【法院裁判要旨】

北京市平谷区人民法院经审理认为：依据《中华人民共和国国家赔偿法》第二条第一款之规定，市住建委（现职能由市规自委某区分局承担）向二原告颁发房屋所有权证的行为已被确认违法，二原告有提起行政赔偿的权利。根据《最高人民法院关于审理行政赔偿案件若干问题的规定》第二十二条之规定，二原告符合单独提起行政赔偿诉讼的条件。

就焦点 1，《中华人民共和国国家赔偿法》第三十六条第八项规定："侵犯公民、法人和其他组织的财产权造成损害的，按照下列规定处理……（八）对财产权造成其他损害的，按照直接损失给予赔偿。"行政赔偿领域中的直接损失是因遭受违法行政行为侵害而使现有财产的必然减少或消灭。本案中，原告通过公开市场交易，支付全额购房款后，进行房屋转移登记，已经通过其力所能及的"合法途径"获得了涉案房屋的所有权，购房款的价值已转换为房屋的所有权，房屋的现有价值（含增值）理应系原告的现有合法财产。同时，若被告审慎审查建筑公司对涉案房屋的权属证书情况，及时发现建筑公司对涉案房屋的权属问题以及案外人徐某已取得涉案房屋所有权的情况，原告和建筑公司的交易行为会及时终止，原告另行购买其他房屋，其亦必然享有目前房屋的增值。因此，涉案房屋的增值系原告现有的合法财产，随着原告房屋所有权证被撤销，原告享有的房屋增值亦消灭，故房屋增值构成原告的直接损失。

就焦点 2，《最高人民法院关于审理房屋登记案件若干问题的规定》第十二条规定："申请人提供虚假材料办理房屋登记，给原告造成损害，房屋登记机构未尽合理审慎职责的，应当根据其过错程度及其在损害发生中所起作用承担相应的赔偿责任。"本案中，市住建委在建筑公司未按规定提交房屋权属证书，且徐某已持有涉案房屋的房屋所有权证的情况下为建筑公司与马某办理了房屋所有权转移登记手续，未尽到审慎审查义务。2012 年 2 月 14 日，在徐某仍持有涉案房屋所有权证的情况下，市住建委再次对马某、刘某颁发涉案房屋的所有权证书，又未尽到审慎审查义务，其存在重大过错，对原告房屋差价损失的产生及继续扩大负有主要责任。现被告承接原市住建委的职能，原市住建委对房屋差价损失应当承担的赔偿责任亦应由被告承担。就被告应承担的赔偿责任比例，应根据被告的上述过错程度，参照（2018）京0117民初11145号生效判决书的裁判要旨，并遵循对原告损失的填平原则予以确定。

就焦点3，《中华人民共和国国家赔偿法》第五条规定："属于下列情形之一的，国家不承担赔偿责任……（二）因公民、法人和其他组织自己的行为致使损害发生的……"本案中，原告虽在申请房屋转移登记中提交了虚假的售房协议，其自身存在一定过错，但就本案情况而言，市住建委未尽审慎审查义务是涉案房屋权属登记错误的主要原因，即使原告提交真实的买卖协议，也不能产生阻断房屋登记行为发生的效果，亦不会产生登记行为不被撤销的效果，因此原告的过错不能构成因自己行为导致损害发生的情形，被告不能据此免责。综上，原告的诉讼请求成立，法院予以支持。

北京市平谷区人民法院依照《中华人民共和国国家赔偿法》第二条、第四条第四项、第三十二条第一款、第三十六条第八项之规定，判决如下：

被告市规自委某区分局赔偿二原告房屋差价损失605295元。

二审法院同意一审法院裁判意见。

【法官后语】

国家赔偿中财产损失的赔偿范围应仅限于直接损失，间接损失不予赔偿。但目前关于直接损失、间接损失的认定没有相关法律或司法解释的规定，司法实践也不统一，相关案件的裁判标准也是由法官根据案件具体情况进行判断，故在行政赔偿案件中存在直接损失认定分歧较大的问题。直接损失判断标准的厘定迫在眉睫，这关乎受害人合法权益的最大化保障，也关乎国家赔偿制度的有效性落实，更关乎二者的最优化衡平。

目前，民事领域一般认为，财产损失包括直接损失和间接损失。直接损失又称为积极损失，是指受害人现有财产的减少，也就是加害人实施不法行为侵害受害人的财产权利、人身权利，致使受害人现有财产直接受到的损失。间接损失又称消极损失，就是可得利益的丧失，即应当得到的利益因受侵权行为的侵害而没有得到。在行政赔偿领域，对于直接损失包括现有财产的减少、丧失已基本达成共识，但对于可得利益的减少、丧失能否纳入赔偿范围分歧较大。

笔者认为，在现行法律框架范围内，为了真正实现国家赔偿的功能定位，也为了切实保障受害人的实体权益，应当附条件地将可得利益中的必然可得利益和既得利益纳入行政赔偿的直接损失范畴。具体判定标准可考量如下“四性”：

1. 利益存在的客观性

客观性，即真实性或实在性，其实际发生不依赖于人的意志而转移。客观性要素的考量就避免了主观人为因素的介入，有利于保证裁判标准的统一性。如本案中，在房地产市场快速发展之下，房屋的增值是客观发生的，并且不以人的意志为转移。房屋登记违法行为导致受害人房屋所有权丧失的，受害人为重新解决居住问题，以现在的市场价格重新购置房屋也是客观需求，因此为有效填补受害人的损失，将房屋增值（市场评估）的既得利益纳入直接损失范畴属于客观需要。

2. 利益发生的必然性

必然性，即不可避免性和确定性，符合客观事物联系和发展的确定不移的趋势。必然性要素的考量就将那些可能发生也可能不发生的利益直接排除在外，而仅保留那些既得利益和必然会发生的利益。本案中，原告购买涉案房屋并且取得房屋所有权证，在登记公示主义之下，其已经取得涉案房屋的所有权，房屋的增值构成其既得利益。房屋所有权证被撤销，原告丧失房屋所有权，进而也就丧失了房屋的增值，因此房屋增值作为房屋的一部分构成原告的直接损失。

3. 利益获取的合法性

合法性，即排除违法性，指利益获取的方式、途径应当合法，任何人都不可以从其违法行为中获益。合法性要素的考量就将那些以违法违规行为获取房屋登记，而后又被撤销的所谓“权利人”排除在了赔偿范围之外。本案中，原告的房屋所有权证虽然被撤销，但原告系通过公开的市场交易购买涉案房屋，签订了房屋买卖合同，支付了符合市场价格的房屋价款，并且办理了房屋转移登记，原告已经履行了获取房屋所有权的所有合法程序。因此，原告获取涉案房屋的所有权，随即获取房屋增值收益，均系通过合法途径获取，应当予以赔偿。

4. 利益丧失的因果性

因果性，即利益的减少或丧失系由违法登记行为所引起，并且是直接引起的。本案中，被告未对房屋权属证书材料进行审核，在他人已持有涉案房屋的房屋所有权证的前提下，再次颁发房屋所有权证书，系造成涉案房屋权属登记错误并且最终被撤销的主要原因。因此，被告的违法登记行为与原告既得利益的丧失存在直接因果关系，被告应当进行赔偿，具体的赔偿比例根据被告的过错程度进行确定。

编写人：北京市平谷区人民法院　王富菊

39

行政赔偿案件中应当区分补偿权益以及赔偿权益并保障经营性承租人的赔偿权益

——许某诉某区人民政府行政赔偿案

【案件基本信息】

1. 裁判书字号

湖北省高级人民法院（2020）鄂行赔终50号行政赔偿判决书

2. 案由：行政赔偿纠纷

3. 当事人

原告（上诉人）：许某

被告（被上诉人）：某区人民政府（以下简称某区政府）

【基本案情】

2012年4月，许某与某养殖专业合作社负责人林某某签订《租赁协议》，约定林某某将其部分经营场地和相关设施租赁给许某经营，期限为8年。该协议对遇土地征占征用时双方的补偿份额进行了约定。合同签订后，许某对部分房屋进行了装饰装修。2012年6月，该片土地被纳入征收范围。2015年2月，林某某与房屋征收部门签订集体土地上房屋征收补偿安置协议后，林某某出具承诺书并领取补偿预付款200万元整。2015年3月，评估公司受某区住房和城乡建设局的委托对案涉房屋、装饰装修及附属物作出评估，评估报告中载明了评估范围，并对涉及林某某和涉及许某的补偿内容以及金额进行了区分，明确涉及许某的评估总金额为425292元，经审计后金额为422152元。该评估未经许某签字确认，许某对其评估价格不予认可。2015年4月，林某某向征收工作人员移交了居住及办公用房钥匙。同月，某区政府组织相关部门对林某某移交的房屋和尚未移交的由许某租用的房屋及其相关设施进行了拆除。许某认为某区政府对其经营场所的拆除行为违法，遂提起行政诉讼，后经生效判决确认拆除行为违法。2017年1月，许某、某区政府、林某某三方达成协议约定，林某某签订的房屋征收补偿安置协议约定的剩余补偿款1238189元，由某区政府各支付许某和林某某550000元，剩余的138189元作为不得阻碍市水务集团加压水泵站项目和市公共绿地项目建设的保证金。2019年1月，上述三方再次达成协议，约定某区政府将余款138189元支付给林某某，林某某同意将138189元的一半即69094.5元支付给许某。通过上述两份协议，许某实际领款共619094.5元。2019年7月，许某向某区政府申请行政赔偿，某区政府在法定期限内未对其作出答复，遂提起本案赔偿之诉。

【案件焦点】

某区政府拆除案涉房屋以及相关设施的行为给许某造成经济损失的赔偿范围及金额如何认定。

【法院裁判要旨】

湖北省襄阳市中级人民法院经审理认为：在许某无法举证其损失以及许某与林某某在征收开始当年签订租赁协议存在恶意牟取征迁补偿可能性的情况下，应以某区政府提供的评估报告作为参考依据，认定对许某主张损失以评估的425292元予以赔偿。根据安置方案，停产停业损失按所征收房屋实际经营（生产）面积房屋评估价的1.5%计算，即6379.38元。许某主张的物品损失酌情确定赔偿200000元。

湖北省襄阳市中级人民法院依照《中华人民共和国国家赔偿法》第四条第四项、《中华人民共和国行政诉讼法》第七十六条、《最高人民法院关于适用〈中华人民共和国行政诉讼法〉的解释》第四十七条第三款之规定，判决如下：

一、某区政府向许某支付赔偿金12576.88元（房屋、装饰装修及附属物评估总价425292元+停产停业损失6379.38元+物品损失200000元-已实际支付给许某的619094.5元=12576.88元）及利息；

二、驳回许某的其他诉讼请求。

许某不服，提起上诉。湖北省高级人民法院经审理认为：关于案涉房屋装修投入、营业增补以及停产停业损失等征收补偿权益的认定问题。某区政府、林某某、许某多次通过补偿协议约定案涉房屋的补偿事宜，林某某和许某亦已领取了全部款项。若对补偿款发生争议，作为经营性承租人许某应通过民事途径向林某某主张，现其通过行政赔偿诉讼直接向某区政府主张补偿权益，不予支持。

关于许某主张因房屋被拆除的物品损失以及律师费等赔偿权益的认定问题。对许某主张的物品损失，原审法院酌情确定200000元，予以确认。但原审法院将物品损失赔偿金在许某已领取的补偿款中予以抵扣不当，应予纠正。

湖北省高级人民法院根据《中华人民共和国国家赔偿法》第三十六条第八项、《最高人民法院关于适用〈中华人民共和国行政诉讼法〉的解释》第四十七条第三款、《中华人民共和国行政诉讼法》第八十九条第一款第二项之规定，判决如下：

一、撤销一审判决；

二、改判某区政府在本判决生效之日起10日内向许某支付赔偿金200000元及利息；

三、驳回许某的其他诉讼请求。

【法官后语】

本案系因房屋征收过程中强制拆除房屋引发的行政赔偿案件，该案历经多次诉讼，对作为经营性承租人的许某是否享有诉权就曾诉至最高人民法院，后经指令继续审理方进入实体审理。多年来许某的补偿以及赔偿权利始终未予确定，与某区政府间的纠纷一直未能得到解决，该案在当地引发较多关注。

本案中，许某的经营性房屋因征收被强拆，其起诉请求既包括案涉房屋装修投入、营业增补以及停产停业损失等征收补偿权益内容，也包括因房屋被拆除的物品损失以及律师费等行政赔偿权益内容，一审判决将当事人补偿请求和赔偿请求混同处理，未厘清强拆案件中补偿权益和赔偿权益之间的关系，处理确有不当。

二审法院从权源法理、法律依据以及个案特点等多方面，对当事人的诉讼请求进行梳理，明确了行政补偿和行政赔偿争议的审查焦点和裁判重点。即对于补偿权益，考虑到租赁权不具有物权属性，经营性承租人不是被征收房屋的所有权人，其不享有基于物权产生的请求权；且在发生动产与不动产附合的情况下，应由不动产所有人取得附合物的所有权，故仍应由房屋所有权人获得装饰装修的价值补偿。经营性承租人若与房屋所有权人就上述补偿权益发生争议，可根据合同的相对性原理，通过民事途径向房屋所有权人主张，但不宜通过行政诉讼直接向征收主体主张相关补偿。鉴于案涉补偿权益已全部发放到位，故对许某的补偿请求，不在行政赔偿案件中进行评述。

而对于许某主张的赔偿权益，二审法院认为，经营性承租人享有所有权的财产因强拆所致损失，属于其主观权利范畴。在相关拆除行为已被确认违法的前提下，经营性承租人享有通过行政赔偿诉讼直接从赔偿义务机关获得相关赔偿的权利，故许某主张的物品损失及利息应予支持。据此，二审法院对原审判决结果进行了纠正，对许某的权益救济途径进行了全面分析并指明了路径，为此类案件提供了裁判思路和参考依据，具有一定典型意义和示范效益。

编写人：湖北省高级人民法院　黄莹

40

行政赔偿损失事实的认定及赔偿标准

——黄某诉某市甲街道办事处行政赔偿案

【案件基本信息】

1. 裁判书字号

江西省宜春市中级人民法院（2021）赣09行赔终1号行政赔偿判决书

2. 案由：行政赔偿纠纷

3. 当事人

原告（上诉人）：黄某

被告（被上诉人）：某市甲街道办事处（以下简称甲街道办）

【基本案情】

2017年12月，某市政府作出《关于某片区棚户区改造项目房屋实施征收的决定》及《某片区棚户区改造项目房屋征收与补偿安置实施方案》。房屋征收部门为某市房屋征收管理办公室（以下简称某市征收办），房屋征收实施单位为甲街道办和某市乙街道办事处（以下简称乙街道办）。黄某所有的房屋属于该棚户区改造项目的征收范围。2018年1月10日，某房地产评估有限责任公司受委托，依据房屋征收和安置补偿方案对黄某的房屋拆迁补偿（含搬迁费、拆迁奖励）评估价值为880261元。甲街道办工作人员多次上门与黄某协商，均未达成房屋征收与补偿安置协议。2018 年 11 月 27 日 19 时左右，黄某的该房屋被全部拆除，房屋内装饰有 114.4 平方米的塑扣吊顶、9.6 米的板台、3 只瓷蹲便器、3.6 平方米的不锈钢防盗网、156 平方米的地面抛光砖、6.21 平方米的铝合金推拉门。房屋内两个六米高木梯、两张株木架子床、两辆自行车、一辆婴儿车、六条杉木凳、若干旧瓷器罐被毁坏。2019 年 5 月 30 日，法院判决确认甲街道办对黄某的房屋强制拆除行为违法。2019 年 7 月 3 日，黄某通过邮政快递向甲街道办提交行政赔偿申请被拒后，遂向法院提起本案行政赔偿诉讼。

诉讼中，黄某申请对被强拆的房屋损失进行鉴定评估。法院组织黄某和甲街道办共同选定了鉴定机构。2020 年 6 月，该鉴定机构来函，以委托鉴定的房屋已被拆除，至鉴定时间间隔较长，无法准确判断房地产的价值为由，放弃了此次的司法评估委托。

【案件焦点】

1. 甲街道办是否应当承担赔偿责任；2. 如应承担，赔偿范围和赔偿数额如何认定。

【法院裁判要旨】

江西省上高县人民法院经审理认为：关于被告甲街道办对黄某的财产损失应承担的赔偿范围和赔偿数额问题。原告黄某被拆除的一栋二层建筑面积为 170.63 平方米的房屋是其合法财产，对该房屋的损失，黄某在诉讼中申请评估鉴定，但是鉴定机构无法作出鉴定结果。本院对涉案房屋类似房地产的市场价格进行相关了解和咨询，2019 年涉案房屋附近的另一小区二手房交易价格评估价（不含装饰）分别为 5899.06 元/平方米、5783.4 元/平方米、6072.57 元/平方米。根据《最高人民法院关于适用〈中华人民共和国行政诉讼法〉的解释》第四十七条第三款之规定，在参考上述二手房交易价格评估价的基础上，鉴于甲街道办拆除黄某的房屋于 2019 年 5 月被确定违法，酌情确定涉案房屋赔偿单价为 6072.57 元/平方米，涉案房屋（不含装饰）损失为 1036162.62 元。

关于黄某主张赔偿一张紫檀镶金丝楠木雕花式床90万元、四大两小雕花樟木箱1.8万元、一张紫檀八仙桌10万元、四把紫檀太师椅8万元、六十多根杉木圆料1万元、四个中药柜2万元的诉请，根据《中华人民共和国行政诉讼法》第三十八条第二款“在行政赔偿、补偿案件中，原告应当对行政行为造成的损害提供证据”之规定，黄某对其主张的上述110余万元贵重物品损失负有举证责任，但黄某未能提供证据，故黄某应承担举证不能的不利后果，对上述诉请不予支持。

江西省上高县人民法院依据《中华人民共和国行政诉讼法》第七十六条之规定，判决如下：

一、甲街道办赔偿黄某因违法拆除房屋造成的损失共计983494.89元；

二、驳回黄某的其他诉讼请求。

黄某不服，提起上诉。江西省宜春市中级人民法院经审理认为：根据《最高人民法院关于适用〈中华人民共和国行政诉讼法〉的解释》第四十七条规定，黄某被拆除的案涉房屋损失，经黄某在一审诉讼中申请评估鉴定，但鉴定机构无法作出鉴定结果。据此，原审法院在对与涉案房屋类似的房地产市场价格做了相关了解和咨询后，参照2019年涉案房屋附近小区二手房交易价格、2018年某市房屋重置价格以及2018年某市房屋建筑装饰及附属设施补偿基准价格标准计算黄某案涉房屋的各项损失并无不当，且该判决所确定的损失高于行政机关原本确定的补偿金额，在很大程度上体现了司法善意，予以支持。

江西省宜春市中级人民法院依照《中华人民共和国行政诉讼法》第八十九条第一款第一项的规定，判决如下：

驳回上诉，维持原判。

【法官后语】

行政赔偿案件日益成为各级人民法院行政案件审理的“难点”。在具体案件中，法院应秉持充分赔偿原则和权责相统一原则，在无法通过鉴定确定财产损失金额的情形下，可采取参照被征收房屋类似房地产的市场价格确定赔偿金额的裁判方式，这个案例为类似行政赔偿案件提供了参考模式。

1. 违法征收的行政赔偿不得低于合法征收的行政补偿

根据行政法的基本原理，行政机关依照法律规定作出的行政行为造成他人合法财产损失产生的是补偿责任，而因违法行为造成他人合法财产损失产生的则是行政赔偿。相较于前者，后者兼具对被征收人合法财产损失的填平补齐和对违法拆除行为的惩戒。如果被害人的合法财产遭受违法行政行为的侵害，但获得的赔偿低于补偿，恐怕被害人的合法权益难以获得救济。因此，法院应秉持充分赔偿原则和权责相统一原则，确保行政赔偿的标准不低于行政机关合法征收拆迁房屋给予被征收人的行政补偿，以此平衡各方利益与责任，充分保护被征收人的合法权益，在最大程度上体现司法善意。这也是行政赔偿由“适当弥补原则”转向“充分赔偿原则”的时代发展趋势。

2. 鉴定客观不能的，法院可参照类似房地产市场价格酌定

房屋等财产损失通常需要从专业技术的角度作出评估，故法院往往通过委托鉴定确定财产损失的金额，以确保赔偿金额的公平性。但类似的行政赔偿皆发生在强制拆除之后，鉴定具体要素缺失，鉴定已客观不能。有鉴于此，法院可综合具体案情，通过向相关有专业知识的人询价并对涉案房屋类似房地产的市场价格做相关了解和咨询等予以综合酌定。询价虽是一种不充分的主观的似真推理，但经过多方走访、多形式的了解与咨询，其最终结果的可采性还是比较高的，因其有客观的参照标准，即与案涉房屋类似的房地产市场价格。“无奈”下的询价，不仅提高了办案效率，而且有助于保障被征收人的合法财产权益不因房屋被违法强拆而受到减损。

3. 对于特别赔偿请求，原告应提供初步证据并穷尽举证能力

在违法强拆的行政赔偿案件中，徒有行政行为违法不足以导致行政赔偿责任的产生，合法财产遭受损害也是必不可少的事实依据，且仍需要原告提供证据证明。此时，原告往往会提出因行政机关强拆的原因导致其无法举证，该举证责任不应由原告承担。确实，根据正当程序原则和比例原则，行政机关依照法律规定对公民的私有财产实行征收或者征用时，应当选择对被征收人权益最小的侵害方式进行，即使行政机关出于尽快完成相关征收或征用事宜而采取违

法强制拆除方式，也必须对被强拆房屋内的物品进行清点登记并尽到妥善保管义务。

但需要注意的是，所谓被告承担举证不利的后果，并不意味着法院对原告请求的赔偿项目和数额均应支持。法院应当从日常生活经验出发，运用法律逻辑和法律思维对原告提供的物品清单进行严谨细致的认定。尤其是明显超出日常生活消费水平或正常市场价值的物品损失，原告应对损失事实提供证据并穷尽举证能力，如果原告不能进行初步举证，则应推定损失不存在。

编写人：江西省上高县人民法院　吴莉霞　阮兰芳

41

行政行为作出前的建设不适用信赖保护原则

——工贸公司诉某镇人民政府行政赔偿案

【案件基本信息】

1. 裁判书字号

北京市第二中级人民法院（2020）京02行赔终153号行政赔偿判决书

2. 案由：行政赔偿纠纷

3. 当事人

原告（上诉人）：工贸公司

被告（被上诉人）：某镇人民政府（以下简称某镇政府）

【基本案情】

2005年1月1日，曹甲、曹乙（曹甲之子）与农商公司签订租赁合同，约定：租赁一片场地；用途为新型建材加工及其他项目；在承租场地内所建设的厂房等全部建筑物，产权归曹甲、曹乙所有。2013年9月27日，某镇政府出具证明，证明工贸公司建设的生产木质家具制造（加工）项目所用土地的利用规划性质为工业用地，所用厂房及配套附属用房不属于违法违规建设；因土地权属性质、土地性质等原因，该土地未办理土地证，房屋未办理产权证；某镇政府同意工贸公司在涉案土地上建设项目。2013 年 10 月 14 日、2014 年 2 月 11 日，某镇政府对工贸公司的建设项目乡（镇、街道）环保意见表予以签字盖章，上述两份环保意见表载明工贸公司建设项目不属于违法建设，符合规划、产业定位要求，符合土地利用要求。某镇政府向区经信委出具《关于工贸公司项目建设的意见》，主要内容同某镇政府于 2013 年 9 月 27 日出具的证明。2014 年 5 月 6 日，工贸公司成立，法定代表人为曹乙。

2015 年 11 月 19 日，某镇政府向规划部门发函查询：工贸公司建设的房屋是否取得了建设工程规划许可证。同日，原市规委某区分局函复：未对工贸公司建设的房屋核发规划许可证件。同年 11 月 20 日，某镇政府作出第 102 号限拆通知。后某镇政府对工贸公司涉案房屋实施强制拆除。

工贸公司不服某镇政府的强制拆除行为，向一审法院提起行政诉讼。一审法院判决确认某镇政府对工贸公司实施的强制拆除行为违法。工贸公司遂提起上诉，二审法院维持一审判决。后工贸公司向一审法院提起行政赔偿诉讼，一审法院判决驳回工贸公司的诉讼请求。工贸公司提起上诉，二审法院判决维持，其中判决理由部分载明："……关于涉案建筑是否属于违法建设，某镇政府在第 102 号限拆通知中作出了认定，工贸公司已另案对该行政行为提起了行政诉讼，法院尚未对该行政行为进行实体审查。因此，现工贸公司对该项损失提起行政赔偿诉讼的前提条件尚不具备，待法院对涉案建筑是否属于违法建设进行审查认定后，该公司可以根据判决情况另案提起赔偿诉讼……"工贸公司不服，申请再审，后其再审申请被驳回。

工贸公司不服某镇政府所作第 102 号限拆通知，向一审法院提起行政诉讼，一审法院判决确认某镇政府作出的第 102 号限拆通知违法，其中判决理由部分载明："……规划行政主管部门没有对工贸公司在建的房屋核发规划许可证件，故被诉限拆通知认定该涉案房屋系违法建设并无不当……"工贸公司提起上诉，二审法院维持一审判决。现工贸公司再次提起行政赔偿诉讼。

【案件焦点】

工贸公司是否具有信赖利益、是否能够基于信赖利益获得赔偿。

【法院裁判要旨】

北京市房山区人民法院经审理认为：因涉案建筑物系违法建设，故工贸公司基于建筑物本身的价值主张涉案建筑物重置成新价及装修装饰等不可分割附属物的赔偿，缺乏相应的事实和法律依据，法院不予支持。某镇政府并非规划行政许可的实施机关，工贸公司所提交的关于某镇政府的证明或意见缺乏相应的形成背景及行政过程，结合工贸公司提交的价格评估报告书中关于涉案建筑物形成时间的描述，对于工贸公司基于信赖利益要求赔偿的主张不予支持。工贸公司所主张的经营利润损失等不属于直接损失的范畴，故对工贸公司的该部分主张不予支持。

北京市房山区人民法院依照《最高人民法院关于审理行政赔偿案件若干问题的规定》第三十三条的规定，判决如下：

驳回工贸公司的赔偿请求。

工贸公司不服，提起上诉。北京市第二中级人民法院经审理认为：因强制拆除行为及第102号限拆通知已被法院生效判决分别确认违法，故工贸公司对于因该强制拆除行为给其合法权益造成的损害，具有依法主张赔偿的权利。本案中，因某镇政府认定涉案建筑系违法建设的行政行为已被法院生效判决予以维持，故工贸公司基于建筑物本身的价值主张涉案建筑物重置成新价及装修装饰等不可分割附属物的赔偿，缺乏相应的事实和法律依据，不应予以支持。工贸公司所提基于信赖利益主张赔偿的主张，缺乏充分证据支持。工贸公司主张的经营损失赔偿，因不属于直接损失范畴，亦不予支持。一审判决认定事实清楚，审判程序合法，并无不当。工贸公司的上诉意见无事实及法律根据，不予支持。一审法院认定的事实清楚，适用法律及判决结果正确。

北京市第二中级人民法院依照《中华人民共和国行政诉讼法》第八十九条

第一款第一项之规定，判决如下：

驳回上诉，维持原判。

【法官后语】

信赖保护原则是指行政相对人对行政机关的行为形成值得保护的信赖后，行政机关不得随意变更该行为，如确需变更，应当对由此给相对人造成的合法权益损害依法给予补偿。从法的安定性和依法行政角度考量，行政机关应当珍视和保护行政相对人对公权力的信任，衡量好公共利益与个人利益的关系，打造诚信政府、法治政府。

本案中，工贸公司主张其因信赖某镇政府开具的证明和签章行为，进行厂房建设、开展经营活动，故其具备值得保护的信赖利益，在某镇政府变更行政行为时，其应当基于信赖保护原则获得赔偿。对于该主张，从信赖保护原则应当具备的三个条件进行分析：

第一，存在信赖基础，即行政机关作出让行政相对人产生信赖的行政行为，行政相对人因该行政行为产生预期，从而选择、调整自己的行为方式。本案中，某镇政府在出具的证明和意见中表述，工贸公司所用厂房及配套附属用房不属于违法违规建设，某镇政府同意工贸公司在涉案土地上建设项目；在环保意见表上签字盖章，表中记载工贸公司建设项目不属于违法建设。根据《中华人民共和国城乡规划法》第六十五条的规定，在乡、村规划区内的违法建设由乡镇政府进行查处，某镇政府有权对其辖区内的建设性质进行确认，故可以认定某镇政府的上述行为系足以让行政相对人产生信赖的行政行为，属于信赖基础。

第二，具备信赖表现，相对人因为相信信赖基础的稳定性而对自己的行为进行了调整或对财产进行了处分，且信赖基础与信赖表现之间存在因果关系。本案中，虽然工贸公司实施了建设厂房的行为，但该行为非基于上述信赖基础。工贸公司之法定代表人于2005年与农商公司签订租赁合同，并在承租场地内建设厂房，而某镇政府于2013年、2014年方开具证明和签章，工贸公司的建设行为早于某镇政府的行政行为，显然建设并非源自镇政府的确认，故工贸公司建设厂房与信赖基础之间缺乏因果关系，不属于信赖表现。

第三，信赖值得保护，指行政相对人信赖基础深信不疑，且对信赖基础善意并无过失。本案中，没有证据证明工贸公司存在非善意或过失情形，如恶意串通、改变土地性质等，但工贸公司并非因信赖行政行为而进行厂房建设，其不存在值得保护的信赖利益。

综上所述，工贸公司对涉案建筑不存在值得保护的信赖利益，亦不能基于信赖保护获得赔偿。此外，不能将信赖利益保护原则置于依法行政之前，无原则地以牺牲社会公共利益来强调政府对所作承诺的遵守。[①] 在缺乏信赖利益时，更应该妥善处理社会公共利益与政府承诺之间的关系，坚持依法行政。虽然某镇政府对工贸公司涉案建设的性质进行过确认，但在涉案建设未取得建设工程规划许可证，违反法律规定，可能损害社会公共利益的情况下，某镇政府可以主动撤销行政确认，继而认定涉案建筑属于违法建设。

编写人：北京市第二中级人民法院　孙轶松　徐蕾

42

补偿决定作出前的拆除行为责任主体及救济程序的确定

——卢某诉某区土地和房屋征收工作办公室、某区人民政府某街道办事处行政强制执行及行政赔偿案

【案件基本信息】

1. 裁判书字号

浙江省丽水市莲都区人民法院（2020）浙1102行初4号行政判决书

2. 案由：行政强制执行及行政赔偿纠纷

① （2019）最高法行再4号。

3. 当事人

原告：卢某

被告：某区土地和房屋征收工作办公室（以下简称区征收办）、某区人民政府某街道办事处（以下简称街道办事处）

【基本案情】

讼争房屋坐落于某街道21号，原告所有部分的房屋土地性质为国有，案外人卢甲等人所有部分的房屋土地性质为集体。讼争房屋于2018年4月27日被纳入区块改造项目征收红线范围，被告区征收办为该项目国有土地上房屋的征收部门，被告街道办事处为房屋征收实施单位。2018年12月30日，被告区征收办委托拆迁公司对案外人卢甲等所有部分的房屋实施拆除，拆除过程中拆除了原告所有的部分房屋。原告不服，提起本案诉讼。

2019年2月27日，区政府对原告所有的案涉房屋作出《房屋征收补偿决定书》，包含房屋补偿金额、商业用房停产停业损失等费用。卢某不服，向浙江省丽水市中级人民法院起诉。2020年3月4日，浙江省丽水市中级人民法院判决驳回卢某的诉讼请求。卢某不服，向浙江省高级人民法院上诉。2020年5月15日，浙江省高级人民法院裁定按自动撤回上诉处理。

【案件焦点】

1. 关于拆除主体的认定问题；2. 关于本案拆除行为是否违法的问题；3. 关于本案通过行政赔偿还是行政补偿程序进行救济及赔偿或补偿款的确定问题。

【法院裁判要旨】

浙江省丽水市莲都区人民法院经审理认为：

第一，关于拆除主体的认定问题。在本案国有土地上房屋征收过程中，被告区征收办主张拆迁公司仅拆除了案外人卢甲等所有的房屋，并未对原告房屋进行拆除，但案涉房屋被部分拆除系在被告区征收办委托拆迁公司进行拆除过程中发生的。案涉房屋被拆除前的2018年4月27日，区政府即发布房屋征收公告，将案涉房屋纳入征收范围，并授权被告区征收办为房屋征收部门。根据《国有土地上房屋征收与补偿条例》第四条第一款、第二款及第五条第一款的规定，市、县级人民政府负责本行政区域的房屋征收与补偿工作，其确定的房屋征收部门组织实施本行政区域的房屋征收与补偿工作，房屋征收部门可以委托房屋征收实施单位，承担房屋征收与补偿的具体工作。故对于房屋征收过程中发生的合法房屋被拆除的行为，在房屋征收部门未举证证明系其他主体拆除及房屋自身原因损坏的前提下，首先应推定系房屋征收部门实施，并由其承担相应责任。根据《中华人民共和国行政诉讼法》第二十六条第五款规定，行政机关委托的组织所作的行政行为，委托的行政机关是被告。综上，街道办事处作为房屋征收实施单位，其并非本案适格被告的抗辩理由成立；原告对案涉房屋拆除行为不服提起诉讼的，应当以房屋征收部门即区征收办为被告。

第二，关于本案拆除行为是否违法的问题。讼争房屋于2018年4月27日被纳入区块改造项目征收红线范围后，被告区征收办即应按照《国有土地上房屋征收与补偿条例》及相关法律法规的规定依法进行征收并实施补偿。《国有土地上房屋征收与补偿条例》第二十六条、第二十七条规定，实施房屋征收应当先补偿、后搬迁；房屋征收部门与被征收人在征收补偿方案确定的签约期限内达不成补偿协议的，由房屋征收部门报请作出房屋征收决定的市、县级人民政府依照条例的规定，按照征收补偿方案作出补偿决定；被征收人在法定期限内不申请行政复议或者不提起行政诉讼，在补偿决定规定的期限内又不搬迁的，由作出房屋征收决定的市、县级人民政府依法申请人民法院强制执行。本案中，拆除行为发生时，原告未与房屋征收部门达成补偿协议，也未明确同意将案涉房屋腾空并交付拆除，房屋征收部门在此前提下于2018年12月30日将案涉房屋部分拆除，明显违法。

第三，关于本案通过行政赔偿还是行政补偿程序进行救济及赔偿或补偿的数额确定问题。通常情况下，拆除被征收人房屋应当依据已经生效的补偿决定，而补偿决定应当已经解决了房屋本身的补偿问题。因此，即使拆除行为被认定为违法，通常也仅涉及对房屋内物品损失的赔偿问题，而不应涉及房屋本身的补偿或者赔偿问题。根据《中华人民共和国国家赔偿法》第三十二条的规定，国家赔偿以支付赔偿金为主要方式。能够返还财产或者恢复原状的，予以返还财产或者恢复原状。故返还财产、恢复原状是国家赔偿首选的赔偿方式，既符合赔偿请求人的要求，也更为方便快捷，但其适用条件是原物未被处分或未发生毁损灭失；若相关财产客观上已无法或无必要返还、恢复原状时，则应支付相应的赔偿金或采取其他赔偿方式。同时，房屋所有权人在签订补偿协议或者收到补偿决定确定的补偿内容后，也有主动配合并支持房屋征收的义务和责任。《国有土地上房屋征收与补偿条例》和《最高人民法院关于办理申请人民法院强制执行国有土地上房屋征收补偿决定案件若干问题的规定》对市、县级人民政府及房屋征收部门如何实施征收、如何进行补偿、如何强制搬迁以及如何保障被征收人获得以市场评估价格为基础的公平补偿的权利进行了系统、严密的规定。为了确保因公共利益需要而进行的房屋征收顺利、高效实施，还专门规定对极少数不履行补偿决定、又不主动搬迁的被征收人可以依法进行强制搬迁。具体到本案中，即使政府需重新作出补偿决定，一旦该补偿决定生效后，若原告仍不履行补偿决定的，行政机关就案涉房屋剩余部分可以依法进行强制搬迁。原告主张的楼梯系案涉房屋本身的结构部分，且修建楼梯可能产生的费用并未实际发生，其主张恢复楼梯原状并无必要性，故对原告该部分的赔偿请求不予支持。根据《最高人民法院关于审理行政赔偿案件若干问题的规定》第三十二条的规定，原告在行政赔偿诉讼中对自己的主张承担举证责任。故原告应就其房屋墙体维修损失、房屋内物品损失事实、损害大小、损害金额承担举证责任，否则将承担不利后果。本案中，原告仅提供一张墙体维修收款收据，该证据无其他证据佐证，无法证实墙体维修的实际损失及维修款的实际支付；且原告至今未提供证据证明屋内财产损失的存在，其并非房屋征收部门拆除行为导致财产的直接减少，故对原告该部分赔偿的主张不予支持。同时，征收过程中的停产停业损失，只是补偿因征收给房屋所有权人经营造成的临时性经营困难，具有过渡费用性质，因而只能计算适当期间或者按照房屋补偿金额的适当比例计付。房屋所有权人在征收或者侵权行为发生后的适当期间，也应当及时寻找合适地址重新经营，不能将因自身原因未开展经营的损失，全部由行政机关来承担。案涉房屋被部分拆除后，区政府已经对案涉房屋作出《房屋征收补偿决定书》。无论该补偿决定最终是否得到支持，均不影响案涉房屋本身应当进行补偿的结论，且该补偿内容亦应当包含了案涉房屋停产停业损失费，故原告对商铺及住宅租金损失的主张亦不予支持。

浙江省丽水市莲都区人民法院依照《最高人民法院关于适用〈中华人民共和国行政诉讼法〉的解释》第六十九条第一款第三项，《中华人民共和国行政诉讼法》第七十四条第二款第一项，《最高人民法院关于审理行政赔偿案件若干问题的规定》第三十二条、第三十三条之规定，判决如下：

一、驳回卢某对街道办事处的起诉；

二、确认区征收办拆除卢某所有的部分不动产的行为违法；

三、驳回卢某的赔偿请求。

【法官后语】

区政府未作出征收补偿决定，拆迁公司在拆除集体土地上房屋的过程中一并拆除了讼争国有土地上的房屋，从而引发本案要求确认拆除行为违法并附带提起行政赔偿之诉。该类案件的审理，需要把握好两点：

1. 以拆除行为还是以拆除房屋所占土地的性质来确定拆除主体

依被告所举证据，被拆除房屋周边房屋所占土地性质均为集体，被告主张拆除行为实施当天系拆除案外人集体土地上的房屋。依照《中华人民共和国土地管理法实施条例》第二十五条第一款、第三款的规定，征收土地方案经依法批准后，由被征收土地所在地的市、县人民政府组织实施，征地补偿、安置方案报市、县人民政府批准后，由市、县人民政府土地行政主管部门组织实施。《最高人民法院关于适用〈中华人民共和国行政诉讼法〉的解释》第二十条第三款规定，没有法律、法规或者规章规定，行政机关授权其内设机构、派出机构或者其他组织行使行政职权的，属于行政诉讼法第二十六条规定的委托；当事人不服提起诉讼的，应当以该行政机关为被告。

（1）若以拆除行为来判断，本案中，因现行法律并未对集体土地上房屋的征收与补偿作出相应规定，故拆迁主体在拆除集体土地上房屋时误拆国有土地上房屋的行为应视为系受区政府的委托，两被告非本案适格主体。

（2）若以被拆除房屋所占土地的性质来判断，依照上述规定，被拆除房屋所涉土地为国有，区征收办主体适格。

我们认可第二种意见。一是若按照第一种意见，区政府为永恒被告，将导致审级上移，不易将矛盾化解在基层。二是对行政相对人而言，其根本目的在于获得赔偿，按照第二种意见，无论是误拆还是强拆，拆除行为的责任后果均由确定的责任主体承担，行政机关之间不会发生互相推诿现象，继而不会导致行政相对人难以获得行政赔偿。

2. 拆除后作出行政补偿决定的，应通过行政赔偿还是行政补偿程序进行救济

市、县级人民政府在既未作出补偿决定又未通过补偿协议解决补偿问题的情况下，违法强制拆除被征收人房屋的，应当赔偿被征收人房屋价值损失、屋内物品损失、安置补偿等损失。本案中，拆除行为发生时，区政府虽未作出房屋征收补偿决定，但在原告提起附带赔偿诉讼前，区政府已通过补偿决定解决了房屋本身的补偿问题。因此，即使拆除行为被认定为违法，通常也仅涉及对房屋内物品损失的赔偿问题，而不应涉及房屋本身的补偿或者赔偿问题。为避免对同一事实进行重复裁判，笔者认为，只有因拆除行为造成原告合法财产损失且该部分损失并非补偿决定涉及的补偿内容，才可以通过行政赔偿途径寻求救济。同时，即使补偿决定涉及的补偿标准、安置方式存在错误，行政相对人亦应另行通过行政复议或者行政诉讼寻求救济，而非在本案中予以解决。

编写人：浙江省丽水市莲都区人民法院　朱燕红

43

道路交通信号灯设置行为属于行政诉讼受案范围

——徐某等诉某区交通运输局交通行政管理及行政赔偿案

【案件基本信息】

1. 裁判书字号

江苏省南通经济技术开发区人民法院（2020）苏0691行初705号行政判决书

2. 案由：交通行政管理及行政赔偿纠纷

3. 当事人

原告（上诉人）：徐某、张甲、张乙

被告（被上诉人）：某区交通运输局（以下简称某区交通局）

【基本案情】

2017年3月19日21时左右，徐某的配偶张某驾驶小型面包车由北向南行驶时，车前部左侧与由北向南依次排队停在左侧车道等候绿灯放行的刘某驾驶的重型半挂牵引车后部右侧发生碰撞，造成张某当场死亡。交警大队出具《道路交通事故认定书》，认定张某夜间驾驶机动车对路面情况观察不够，未能降低行驶速度，未能按照操作规范确保安全通行，应承担本次事故的全部责任。徐某等三人认为，某区交通局在事发路段设置红绿灯，与徐某配偶张某死亡事故之间存在因果关系，故提起行政诉讼，请求确认某区交通局在事发路段设置红绿灯的行为违法并赔偿损失998464.5元。

【案件焦点】

道路交通信号灯设置行为是否属于行政诉讼受案范围。

【法院裁判要旨】

江苏省南通经济技术开发区人民法院经审理认为：设置交通信号灯不是行政机关针对特定的公民、法人或者其他组织以及特定的具体事项作出的有关公民、法人或者其他组织的权利义务关系的行为，该行为不属于行政诉讼的受案范围。

江苏省南通经济技术开发区人民法院依照《中华人民共和国行政诉讼法》第四十九条第四项，《最高人民法院关于适用〈中华人民共和国行政诉讼法〉若干问题的解释》第三条第一款第一项、第二款之规定，裁定如下：

驳回徐某等三人的起诉。

徐某等三人不服，提起上诉。江苏省南通市中级人民法院经审理认为：行政诉讼法意义上的行政行为，通常是指行政主体根据法律所赋予的职权，作出的能够对公民、法人或者其他组织的权利义务产生影响的行为。原则上，行政行为都属于行政诉讼的受案范围，除非法律明确规定应当排除的情形。交通信号灯是道路交通安全管理的基础设施，在道路上设置交通信号灯，既是行政机关为保障道路交通安全与秩序所提供的一种公共服务，也是道路交通管理的手段之一，是行政机关行使道路交通管理职权的行为。交通信号灯一旦设立，与所在道路一并投入使用，在特定的时间、空间内就可以对道路通行者的通行行为产生法律效果，影响到道路通行者的权利义务，符合可诉行政行为的特征，属于行政诉讼的受案范围。合法合理设置的交通信号灯，在维护交通秩序、保障交通安全上发挥着重要作用，反之，则极有可能侵犯道路通行者的权利。任何有可能对相对人的权利造成不利影响的行政行为都应当接受监督。允许当事人因不当设置交通信号灯而遭受或可能遭受侵犯的情形下，启动行政诉讼程序，获得有效的救济，不仅符合行政诉讼制度设计的初衷，也有利于促使行政机关在作出此类行为时严格遵守法律规定和技术规范。徐某等三人的亲属张某在案涉路段发生交通事故是客观事实，基于该特定事件，徐某等三人与被诉行政行为具有他人所不具有的利害关系，因此，徐某等三人具有提起本案诉讼的原告主体资格。事发路段的交通信号灯系由某区交通局设置，本案被告主体适格。

江苏省南通市中级人民法院依照《中华人民共和国行政诉讼法》第八十九条第一款第二项、《最高人民法院关于适用〈中华人民共和国行政诉讼法〉的解释》第一百零九条第一款之规定，裁定如下：

一、撤销一审裁定；

二、指令江苏省南通经济技术开发区人民法院继续审理。

江苏省南通经济技术开发区人民法院经审理认为：对照《公路路线设计规范》《道路交通信号灯设置与安装规范》《公路交通标志和标线设置规范》的相关要求，被告设置案涉交叉路口信号灯以及配套的交通标志、交通标线均符合国家标准或规范要求，且不违反法律法规禁止性规定。综上，被告设置案涉交通信号灯的行为合法。道路交通管理旨在追求安全、畅通，围绕这一目标，交通信号灯、交通标志、交通标线以及其他配套设施的设置组成一个复杂的运行系统，具有较强的专业性，在无明显不当的情形下，司法机关应当予以尊重。考虑到对交通信号灯的设置、使用和管理，交通管理部门与公安交警部门依法分别行使相应行政管理职权，因而在交通管理部门设置交通信号已经充分关注到法律法规和行业规范标准、并无明显违法之处的前提下，不宜仅以交通信号灯后续使用管理中可能存在的问题，而认定交通管理部门设置交通信号灯的行政行为违法。被诉设置行为合法，故对于原告损失以及与被诉设置行为之间的因果关系无需审查。

江苏省南通经济技术开发区人民法院根据《中华人民共和国行政诉讼法》第六十九条之规定，判决如下：

驳回徐某等三人的诉讼请求。

【法官后语】

公物在现代社会中越来越重要，部分公物甚至成为现代生活中的“必需品”。行政主体基于法律的授权对公物享有设立、变更、许可、废止等管理权，同时也负有及时修缮、维护公物，使其符合公用目的等义务。若缺乏有效的监督，难免会出现行政主体为部门利益或个人私利侵害公民的公物使用权，或者损害相关人利益的情形。由于我国行政诉讼法以行政行为为主线构建，原告资格和起诉期限亦围绕“行为”设置相关条件。公物管理中的行政行为大多不以人为直接行为对象，缺少特定的主体（相对人），因此其是否属于可诉的行政行为存有争议，长期处于行政诉讼“被遗忘的角落”。

理论上，从行政行为对象的角度，可将行政行为区分为对人行政行为与对物行政行为。所谓对物行政行为，是指“行政主体运用行政职权，针对特定的物而做出的，确定该物公法性质或一般使用规则的，具有直接外部法律效果的行政行为”①。因对物行政行为仅适用于公物法领域，亦可称公物行政行为。与对人行政行为相比较，对物行政行为具有如下特点：（1）行为对象为特定的物（随着行政给付的发展，无体物也可成为公物的载体）；（2）无具体的相对人，即行政行为的相对人是否特定、具体在所不问；（3）对物直接产生公物法效果，通过公物间接对人产生法律效果。唯有不特定的相对人通过物的联结点得以确定时，对人权利义务的影响方才得以凸显，② 如某一路段设置禁止泊车标志，车道划分等。作为行政主体行使行政职权的两种行为手段，对物行政行为与对人行政行为都需遵循依法行政原则、公平原则、比例原则等行政法基本原则，对物行政行为还应符合公物的公共目的性的规制。

为防止公物行政行为侵害公物使用人的合法权益，有必要将其纳入司法监督范畴。对于遭受公物行政行为侵害的相关人，也应该赋予其救济的权利。保护相对人的合法权益是行政诉讼法的主要立法目的，为实现此目的，作为引发行政诉讼根源的行政行为的含义必然不会被限定得过窄。③ 为适应行政活动方式日趋多样化、公共服务范围不断扩大的现实需求，法官在司法实践中不断拓宽行政诉讼受案范围成为必然趋势。

本案中，交通信号灯系保障公众利用道路的秩序和安全，属于公物。行政机关为保障道路适合公用目的使用，在道路上设置交通信号灯系其行使公物管

① 胡建淼编：《行政行为基本范畴研究》，浙江大学出版社2005年版，第402页。

② 张翠然：《对物行政行为研究——以公物法为研究视角》，中国政法大学2009年硕士学位论文。

③ 闫尔宝：《论作为行政诉讼法基础概念的“行政行为”》，载《华东政法大学学报》2015年第2期。

理权的行为，属于公物行政行为。不特定的道路通行者一旦进入“管辖”路段，均应当遵守“红灯停，绿灯行”的通行规则（使用规则），即该行为对外产生法律效果，受到公法目的的限制，应当提供公法救济的渠道。二审法院从行政诉讼保护权利和监督行政权的立法宗旨出发，允许当事人因不当设置交通信号灯而遭受或可能遭受侵犯的情形下，启动行政诉讼程序，是扩展行政诉讼受案范围的一次勇敢尝试，具有一定的开拓意义。

编写人：江苏省南通市中级人民法院　吴彩丽

十一、不履行法定职责

44

不履行规划实施行为不属于人民法院受案范围

——刘某诉某市住房和城乡建设局不履行法定职责案

【案件基本信息】

1. 裁判书字号

福建省南平市中级人民法院（2021）闽07行终9号行政裁定书

2. 案由：不履行法定职责纠纷

3. 当事人

原告（上诉人）：刘某

被告（被上诉人）：某市住房和城乡建设局（以下简称某市住建局）

【基本案情】

刘某系甲小区业主。2017年，甲小区对面的乙楼盘开发商违法对道路进行硬化，某市城市管理局向其作出责令停工通知书，乙楼盘开发商停止了违法建设。2019年1月，乙楼盘小区业主又自筹资金对门口道路进行硬化，刘某认为该道路硬化对其商业用房造成不良影响，遂向多家行政机关投诉。根据行政机关的反馈，甲小区与乙楼盘之间的道路规划已列入《某市中心城区道路工程专项规划（2017-2035年）》（以下简称《专项规划》）。2019年8月20日，某市自然资源局将《专项规划》移交某市住建局。因某市住建局尚未启动甲小区与乙楼盘之间道路建设，刘某认为某市住建局未依照《专项规划》的要求修建道路违法，遂向法院起诉，要求某市住建局履行法定职责。

【案件焦点】

行政机关不履行建设规划中的职责是否属于人民法院行政诉讼受案范围。

【法院裁判要旨】

福建省南平市建阳区人民法院经审理认为：城市道路建设和维修事项涉及的是公共利益，并非特定的公民个人的利益，根据《中华人民共和国行政诉讼法》第二条第一款的规定，公民认为行政机关的行政行为侵犯其合法权益的才有权依法提起行政诉讼，而刘某主张的权益实际上涉及的是公共利益，故其起诉亦不符合法律规定，应裁定驳回起诉。

福建省南平市建阳区人民法院依照《最高人民法院关于适用〈中华人民共和国行政诉讼法〉的解释》第六十九条第一款第一项、第一百零一条第一款第二项的规定，作出如下裁定：

驳回原告刘某的起诉。

刘某不服，提出上诉。福建省南平市中级人民法院经审理认为：《专项规划》是对某市中心城区道路的总体规划安排，并非针对特定行政相对人作出，且不涉及刘某的具体权利义务。规划的内容需要通过具体道路建设方案等加以具体化，政府相关主管部门需启动立项程序，落实资金安排，外部上还需对建设项目颁发建设项目选址意见书、建设用地规划许可证和建设工程规划许可证等行政许可行为才能最终实施，涉及多部门、多环节的内部管理行为和具体行政行为。政府主管部门是否履行《专项规划》以及履行时间安排，对刘某的权利义务并未构成实质影响。根据《最高人民法院关于适用〈中华人民共和国行政诉讼法〉的解释》第一条第二款第十项之规定，刘某的诉请不属于行政诉讼受案范围。

福建省南平市中级人民法院依照《中华人民共和国行政诉讼法》第八十九

条第一款第一项之规定，作出如下裁定：

驳回上诉，维持原裁定。

【法官后语】

本案一审、二审裁判都裁定驳回起诉，但对于被诉行政行为的认定和审查标准却截然不同，二者分歧集中反映了行政审判思路和方法普遍存在的差异性。本案的分析有助于厘清行政诉讼相关基础理论，明确审查要点和方式。

1. 被诉行政行为的确定

以被诉行政行为为中心，审查行政行为的合法性是行政审判的基本逻辑和要求。由于行政权具有灵活性的特征，行政管理领域及行政行为种类众多，法律无法穷尽列举所有被诉行政行为的名称，只能由法官在个案中依据当事人的诉求确定被诉行政行为的种类和内容。实践中，不同法官因对当事人诉求理解不一，审理方向会大相径庭。

以本案为例，刘某的诉讼请求是判令某市住建局按某市人民政府的批复建设甲小区与乙楼盘之间的市政道路。一审认为被诉行政行为是某市住建局不履行修建道路的职责，进而审查修建道路行为的性质，其结论是修建道路属于公共利益，个人无权起诉。二审则将被诉行政行为确定为某市住建局不履行《专项规划》中关于涉案道路规划的行为，其结论是不履行规划的行为不属于行政诉讼受案范围。一般而言，对于被诉行政行为的确定必须根据个案的具体情况认真剖析原告诉求的真实意思表示。本案属于不履行法定职责之诉，确定被诉行政行为的关键在于确定原告要求某市住建局履行何种法定职责。原告的实质目的虽是修建道路，但其诉讼请求中明确要求某市住建局依照《专项规划》的要求修建道路，其真实意思是要求政府主管部门履行规划所确定的修路职责，将纸上的规划变成实际的道路。因此，二审将本案被诉行政行为变更为某市住建局不履行《专项规划》中关于涉案道路规划的行为。

需要说明的是，一审裁判以修建道路涉及公共利益，原告起诉不符合法律规定为由驳回起诉。这涉及行政法的基础理论。行政赋权的目的就是实现公共利益，而公共利益是全部私人利益的总和，这是行政法的理论基础。设置行政诉讼制度对行政权予以监督和约束，其目的就是防止行政机关滥用公共利益侵犯私人利益。因此，在行政诉讼中，公共利益与相关行政相对人的诉权不存在排斥关系，赋予行政相对人诉权就是为了更好地监督行政机关实现公共利益。这是行政诉讼与民事诉讼审理中容易混淆的一个问题。

2. 关于不履行规划行政行为的审查

综合本案案情，无论是要求修建道路还是履行规划，均不属于人民法院可控范围，一旦做出实体判决，不仅难以强制执行，不小心还可能侵犯行政机关的初次判断权，至少法院不能代替政府或强制政府拿出修建道路资金。因此，对本案结果的判断不是难事，但正确适用法律审查被诉行政行为是本案的难点。

第一，履行法定职责之诉首先要审查起诉时机是否成熟。行政机关履行法定职责通常需要过程，法院不合适过早介入，替代行政机关作出决策。本案中，《专项规划》只能证明涉案道路已列入市政道路建设规划，但规划的实施还需要经立项、预算、审批、征地等多个行政主管部门多个环节的行政行为，并不具有确定性，不属于法定履行职责期限已届满、需要法院监督行政机关实施的行政行为。因此，原告的起诉时机并未成熟，依法应当裁定驳回起诉。

第二，关于要求行政机关履行实施规划内容的行为应当从是否对特定行政相对人的权利义务造成实质性影响的角度进行审查。由于规划实施的时机及是否实施都存在不确定性，属于行政机关初次判断权的范畴，也不可能对特定行政相对人的权利和义务作出调整，因此应当属于《最高人民法院关于适用〈中华人民共和国行政诉讼法〉的解释》第一条第二款第十项之情形，不属于行政诉讼的受案范围。从本案情况来看，专项规划的实施与否，未减损原告刘某的权益，未对其权利构成直接限制，因此其起诉不属于行政诉讼的受案范围，依法应当裁定驳回。

编写人：福建省南平市中级人民法院　张钰梅

45

估价机构与委托方签订的委托评估合同所确定的合同义务，不属于房地产估价机构管理部门的监督管理内容

——刘甲诉某市住房和城乡建设委员会不履行法定职责案

【案件基本信息】

1. 裁判书字号

北京市第三中级人民法院（2020）京03行终717号行政判决书

2. 案由：不履行法定职责纠纷

3. 当事人

原告（上诉人）：刘甲

被告（被上诉人）：某市住房和城乡建设委员会（以下简称市住建委）

【基本案情】

7号院登记的宅基地使用权人为案外人刘某，刘某夫妻均已去世，二人生育一子一女，即刘甲、刘乙。2017年8月30日，某棚户区改造项目启动，7号院位于拆迁范围之内，刘甲在7号院内的房屋居住。

2017年12月10日，刘甲向市住建委邮寄《申请书》，要求查处评估公司评估资料严重失实以及未依法送达评估报告的违法行为。12月27日，市住建委对评估公司、某市某区住房和城乡建设委员会（以下简称某区住建委）进行约谈调查。《委托评估合同》约定，评估公司作为受托方进行评估，负责被评估单位的评估报告送达工作，并做好送达签收记录工作。后评估公司作出评估报告，案外人刘乙在评估报告送达回执上签字。《棚户区改造项目拆迁实施方案》（以下简称《实施方案》）第六条写明：“评估公司负责完成入户测量评

估工作……按照项目实施时间要求，出具符合标准的房屋估价报告，并按要求送达产权人，协助完成关于评估价格方面的专家鉴定等工作……”2018年8月30日，现场指挥部召开专题会议，根据《实施方案》第九条第五项、第十四条的规定，会议决定内容为“‘有效文件’上标明的使用人已故，无法确定继承人或继承人无法达成一致意见的，由其中一名法定继承人做出相关法律承诺后办理拆迁补偿手续”，后编制第四期会议纪要作为《实施方案》补充文件。2019年1月28日，市住建委作出《答复意见》。

另查，某区住建委于2018年9月11日向城建公司作出《整改通知书》。同日，某区住建委针对刘甲等四人重新作出答复，主要内容为：一、申请内容（略）。二、调查情况（略）。三、处理意见。鉴于7号院内房屋已拆除完毕，责令城建公司进行整改，尽快对被拆迁人进行拆迁补偿与安置；责令评估公司继续完成评估报告送达工作；责令拆迁受托公司（拆迁公司）和责任人继续完善拆迁补偿协议等相关材料。刘甲不服，提起行政诉讼。

【案件焦点】

如何确定本案中拆迁评估报告送达的责任主体，责任主体和送达行为是否属于房地产估价机构管理部门的监督对象和范围。

【法院裁判要旨】

北京市通州区人民法院经审理认为：《房地产估价机构管理办法》第四章“估价管理”中对于房地产估价机构的估价活动规定了具体要求。本案中，市住建委收到刘甲的投诉举报后，向某区住建委、评估公司进行调查取证，棚户区改造项目现场指挥部亦出具了相应的情况说明材料，市住建委结合其调查情况，认为刘甲所举报评估公司所作评估严重失实的问题，并无相关事实和法律依据，不予支持。经审查，市住建委已经履行了相应的调查职责，评估公司并未违反上述估价管理的相关要求。针对刘甲所述评估公司未依法送达问题，根据《房地产估价机构管理办法》第二十八条规定，对于估价报告交付的日期和方式应当在房地产估价机构与委托人签订的书面估价委托合同中列明，本案中评估公司与城建公司签订了《委托评估合同》，并就评估报告的送达进行了约定，符合上述规定，《委托评估合同》中约定的送达义务属于合同义务，约束合同签订双方，评估公司应当按照合同的约定履行义务。现经市住建委调查，结合《实施方案》、第四期会议纪要等情况，评估公司并未违反合同义务，如若在拆迁过程中，评估公司接受城建公司的委托进行送达侵犯了相关权利人的合法权益，其侵权后果亦应由委托方城建公司对外负担，而非直接由评估公司负担，某区住建委针对城建公司作出的《整改通知书》第二项即体现了上述管理和查处原则，故对于刘甲的诉讼请求，不予支持。

另需指出，本案系由集体土地上房屋拆迁引发的纠纷，所涉房屋估价问题系拆迁过程中的一个环节，刘甲如若认为其拆迁利益受到侵害，应当依法选择最优的维权方式进行救济，回归房屋拆迁纠纷本身。

北京市通州区人民法院依据《中华人民共和国行政诉讼法》第六十九条的规定，判决如下：

驳回原告刘甲的诉讼请求。

二审法院同意一审法院裁判意见。

【法官后语】

涉案项目的拆迁人因拆迁评估报告送达程序不规范已经受到了区县拆迁管理部门的行政处理，被告认为拆迁人作为委托人，应当承担评估机构依照其错误指令进行的送达所带来的不利后果，评估机构并非责任主体。但原告坚持认为拆迁人委托的评估公司也应当为此受到行政处理，故而提起本案诉讼。笔者认为，应当从以下三个方面具体论证：

首先，拆迁人应为房屋拆迁的责任主体，拆迁评估报告送达亦是如此。其实，地上物估价仅为房屋拆迁补偿中的一个环节，具有技术性、过程性和服务性，无论是国有土地上房屋征收还是集体土地上房屋拆迁，都会涉及地上物补偿。为了保证其公平、公正和合理，征收部门或者拆迁人一般会引入专业第三方，通过购买估价服务完成地上物评估。因此，委托评估鉴定仅系征拆主体确定地上物价值的一种方式和工具，最终的拆迁补偿数额并不由估价机构或者拆迁估价报告所决定，亦非由估价机构承担拆迁补偿不当的法律后果。对于被拆迁人来说，包括拆迁评估报告送达在内的所有房屋拆迁程序中的责任主体，均系且应仅系拆迁人。

其次，房地产估价机构管理部门的监管对象为估价机构，并非委托人，监管部门无权约束委托人并进行行政处理。房地产估价委托中，对于权利义务一般约定在委托人和估价机构签订的《委托评估合同》中，合同效力仅及于签订主体双方。如双方就此产生争议，应基于合同法律关系主张权利，第三人无权基于合同关系主张权利；如其认为合法权益受到损害，应当向直接侵权人主张。本案中，评估公司应当按照合同的约定履行义务，现其按照委托人拆迁人的指令进行送达，并未违反合同义务，至于拆迁人的指令是否符合房屋拆迁的相关管理规定，并非估价机构监督管理部门的审查权力范围，且即便存在违法违规之处，也应当由委托人承担法律后果，而非估价机构。

最后，行政机关需依法行政，合同义务的合法性并非估价机构监督管理部门的监管范围。房地产估价机构监管部门的执法依据为《房地产估价机构管理办法》，需要严格按照此规定履行监督管理职责。法无授权不可为，行政机关不能超越权限对监管对象作出不利的行政处理。《房地产估价机构管理办法》第四章对估价管理进行了明确规定，其中对于估价报告的送达问题仅规定在第二十八条，即对于估价报告交付的日期和方式应当在房地产估价机构与委托人签订的书面估价委托合同中列明，至于具体的送达方式并没有进行强制性限制规定。本案中，评估公司已经履行了上述法定义务，在合同义务未违反行政强制性规定的情况下，估价机构监管部门不能直接介入双方约定事务，故评估公司与拆迁人对于评估报告送达方式的约定，并不属于估价机构监管部门的监管范围。

本案系由房屋拆迁纠纷引发，通过厘清拆迁程序中的评估报告送达的责任主体，有助于强化拆迁人的主体意识和责任，也有助于被拆迁人依法正确维权，减少诉累。

编写人：北京市通州区人民法院　佟艳艳　章志豪

46

村务公开监督职责的履行程度应与保障村民知情权、村民自治范围相适应

——马某诉某区人民政府不履行法定职责案

【案件基本信息】

1. 裁判书字号

北京市高级人民法院（2020）京行终 1391 号行政判决书

2. 案由：不履行法定职责纠纷

3. 当事人

原告（上诉人）：马某

被告（被上诉人）：某区人民政府（以下简称某区政府）

【基本案情】

2019 年 4 月 10 日，马某向某村委会提起村务公开申请，要求公开涉案村务事项。2019 年 5 月 9 日，马某向某区政府申请责令某村委会公开马某申请的村务事项。2019 年 5 月 22 日，某区政府向马某作出《告知》，告知马某：由于目前还未到法定答复期限，还请马某耐心等待。同日，某区信访办公室向某乡政府作出《关于顾某、马某“履责申请”的转送函》，要求某乡政府认真组织调查。2019 年 5 月 24 日，某乡政府作出《关于要求某村委会对村务公开相关内容进行公示的通知》，要求某村委会就马某申请公开的村务事项予以查找核实，并于 2019 年 6 月 13 日前公布。2019 年 6 月 11 日，某村委会就马某的村务公开申请召开会议，决定公示：“一、2011-2019 年，某村委会与××公园签署的房屋租金情况。二、起始年至 2019 年，北京××4S 店与某村委会签订的土地

租赁情况。三、北京××4S店合同解约赔付款情况……”某村委会将公示村务事项予以张贴公布。2019年6月28日，某区政府作出《关于顾某、马某申请村务公开有关事项的答复》（以下简称被诉答复），主要内容为：根据《中华人民共和国村民委员会组织法》第三十一条“村民委员会不及时公布应当公布的事项或者公布的事项不真实的，村民有权向乡、民族乡、镇的人民政府或者县级人民政府及其有关主管部门反映”之规定，某乡政府已要求某村委会在村委会公示栏对村务事项进行公开，请前往查看。

【案件焦点】

1. 被告是否履行调查核实职责，原告的村务公开监督请求是否成立；2. 村务公开监督职责的履行程度如何裁量。

【法院裁判要旨】

北京市第四中级人民法院经审理认为：关于法定职责的依据问题。根据《中华人民共和国村民委员会组织法》第三十一条的规定，马某作为某村村民，有权向县级人民政府反映该村村民委员会村务公开问题。某区政府作为一级人民政府，负有调查核实，并在确认村民委员会存在不及时公布应当公布的事项或者公布的事项不真实的情况下责令其公开的职责。

关于某区政府是否按照《中华人民共和国村民委员会组织法》的规定履行了调查核实及监督职责的问题。马某认为某区政府并未按照其要求履行调查核实职责。对此，应根据《中华人民共和国村民委员会组织法》对村务公开制度及管理监督方式的规定进行审查。根据《中华人民共和国村民委员会组织法》第二十三条、第三十条以及《北京市实施〈中华人民共和国村民委员会组织法〉的若干规定》第二十七条至第二十九条的规定，某区政府作为一级人民政府，在法律授权范围内履行调查核实监督职责，既不能不作为，亦不能超越法律授权范围作为。综观某区政府履行职责的情况，其收到申请后首先要求属地乡政府进行核实、调查和处理。在乡政府反馈情况后，某区政府经审查判断认为某村委会已公开相关信息，并作出被诉答复。法院认为，某区政府履行职责的前述行为符合《中华人民共和国村民委员会组织法》及《北京市实施〈中华人民共和国村民委员会组织法〉的若干规定》。

关于村务公开监督职责履行的范围问题。合同内容是否公平、合理以及合同履行情况是否存在侵吞集体资产、侵害集体利益的情形不属于区政府履行调查核实村务公开的职责范围。村民如认为村民委员会不及时公布应当公布的事项或者公布的事项不真实的，有权向乡、民族乡、镇的人民政府或者县级人民政府及其有关主管部门反映。村民如认为村民委员会的决定不适当的，可以通过村民会议的方式行使撤销或变更的权利。也就是说，应当充分尊重村民自治，鼓励村民通过村民会议等形式充分行使民主管理和民主监督权利。

北京市第四中级人民法院依照《中华人民共和国行政诉讼法》第六十九条，作出如下判决：

驳回马某的诉讼请求。

二审法院同意一审法院裁判意见。

【法官后语】

村务公开行政监督案件属于典型的履责之诉，该类诉讼的实质目的是要求行政机关履行监督村民委员会公开相关村务的职责。此类案件在实践中可能以撤销之诉的形式表现，如当事人请求撤销行政机关对其作出的答复，但其诉讼标的仍然是行政机关履行法定职责的请求能否成立。行政机关作出的答复当然属于案件审查的范围，但其又不能等同于案件审查范围的全部。法院审理此类案件，审查对象不能局限于被诉行政行为的合法性，也就是答复的理由是否成立。

此类案件的审查范围包括以下四个方面：

其一，行政机关在接到村民村务公开行政监督申请后是否尽到了调查核实职责。主要审查：（1）行政机关对监督申请是否进行了审核判断；（2）行政机关是否进行了调查核实，包括是否以实地走访、会议等形式对村务公开的内容、形式进行调查并形成相关证据材料；（3）区县政府交办给乡镇政府的，是否有合法有效的村务公开监督办理流程。

其二，行政机关在调查核实后是否作出了相应的答复或决定。主要审查：(1) 答复或决定内容是否有相关证据支持；(2) 答复或决定内容是否明确，责令公开的是否确定了合理的期限和方式，具有可执行性；(3) 答复或决定作出时限及送达情况，相关法律对责令公开或不予公开决定的作出时限没有规定，实践中可参照适用行政诉讼法关于履行职责期限为两个月的规定；(4) 行政机关在作出责令限期公开的通知或决定后，是否以适当形式对村民委员会的履行情况进行了复核。行政机关不仅应当及时履责，还应当全面履责，并要依法实现履责的目的。

其三，履责请求在实体法上能否成立。如果行政机关作出的拒绝性答复合法，原告要求履责的请求当然不能成立；拒绝性答复理由不当，但经审查原告的履责请求能够成立且行政机关已无判断裁量空间的，法院可以直接判决行政机关履行特定的法定职责；拒绝性答复理由不当，但原告的履责请求经审查确实不能成立的，也可以判决驳回原告的诉讼请求，并在判决理由中指明拒绝性答复理由的不当之处。这种做法，既有利于行政争议的实质解决，又能通过指明答复不当之处的方式明确事实和法律关系。

其四，行政机关履行职责是否还有判断裁量空间。法院可以直接判决行政机关履行特定内容的法定职责。法院如果审查认为履责请求能够成立，行政机关履行职责明显已无进一步判断裁量空间的，有权直接判决行政机关履行相应的职责。如果行政机关尚有判断裁量空间的，法院也可以判决行政机关针对申请重新作出处理。

村务公开监督案件的合法性审查应当坚持比例原则。比例原则是行政机关依法行政所应遵循的一般原则，其基本要求是公权机关实现行政管理目标所采取的手段对于相关法益的影响与目标实现的公益维护应当是均衡的。首先，行政机关的决定、行动或措施可以实现行政目的，即妥当性要求；其次，行政机关在可以采取实现行政目的的多种方式中，应当选择对当事人合法权益侵害最小的方式实施，即必要性原则；最后，行政机关的决定、行动或措施的成本和收益应当是均衡的、符合比例的。具体结合村务公开行政监督案件，监督的目标依法保障村民的知情权，通过调查核实，经审查判断后作出责令公开的决定或作出不予公开的答复能够实现行政目的，具备比例原则中的妥当性要求，同时也要选择对当事人合法权益侵害最小的方式实施，使其符合必要性原则。同时，要对运用监督权保护的权益与行政成本之间进行利益衡量，从而决定实施该措施的合法性与适当性。

编写人：北京市第四中级人民法院　武楠　李世邦

47

对违法建筑物、构筑物的认定，行政机关应主动处理，不能转嫁于相对人

——石某诉某区人民政府不履行法定职责及行政复议案

【案件基本信息】

1. 裁判书字号

北京市高级人民法院（2020）京行终 694 号行政判决书

2. 案由：不履行法定职责及行政复议纠纷

3. 当事人

原告（被上诉人）：石某

被告（上诉人）：某区人民政府（以下简称某区政府）

【基本案情】

2019 年 7 月 3 日，原告以某区城市管理综合行政执法局（以下简称某区城管局）为被申请人向被告提出行政复议申请，复议请求为拆除违法建设，履行法定职责。2019 年 9 月 29 日，某区政府作出被诉复议决定，根据《中华人民共和国行政复议法》第二十八条第一款第三项的规定，确认某区城管局未在法

定期限内对某街道西里9楼5门西侧铁皮构筑物履行查处职责违法，并依法送达给原告和某区城管局。原告于2019年10月9日收到后不服，于同年10月17日提起行政诉讼。

2019年3月8日，原告通过北京城管信访管理系统，向某区城市管理综合行政执法监察局反映“某街道西里9楼5门西侧叶某某家原围墙被拆除后，街道办事处又给他家建铁栅栏并贴铁皮、吊顶子，构成违法构筑物，要求城管执法机关履行法定职责”。2019年3月11日，北京市某区城市管理综合行政执法监察局告知原告其反映的问题已导入行政事项进行处理。2019年4月1日，市规划和自然资源委员会某区分局认定某街道西里9楼5门西侧的铁皮构筑物未取得建设工程规划许可证。2019年6月24日，某区城市管理综合行政执法监察局更名为某区城管局，其他保持不变。2019年9月27日，在被诉复议决定案件审理期间，某区城管局协助违法建设人将某街道西里9楼5门西侧围栏上的铁皮拆除。

原告石某诉称，被诉复议决定确认某区城管局未在法定期限内对某街道西里9楼5门西侧铁皮构筑物履行查处职责违法，却不责令某区城管局拆除其全部的违法建设、履行法定职责。对于某街道西里西侧违法建设（构筑物）的违建主体，某区城管局有难辞其咎的责任。北京市某区某街道办事处于2018年5月28日在本小区内违法建墙，后根据2019年9月29日东政复字［2018］62号《行政复议决定书》，被告责令某区城管局在法定期限内对某街道西里9楼5门西侧围墙履行查处职责，街道办事处于2019年1月14日把围墙拆除后，又改建成带有地基的铁栅栏，导致叶家在铁栅栏上安装铁皮、吊顶。综上，原告请求法院：1. 撤销被诉复议决定；2. 判令被告重新作出复议决定，责令某区城管局拆除本案所涉及的违法建设，履行法律职责。

被告某区政府辩称，被告所作被诉复议决定事实清楚、证据确凿、适用法律正确、程序合法，请求法院依法驳回原告的诉讼请求。

【案件焦点】

复议机关是否对涉案违法构筑物的认定进行了调查核实。

【法院裁判要旨】

北京市第四中级人民法院经审理认为：被告某区政府作为行政复议机关，在受理行政复议申请后，应当围绕行政复议申请的请求内容，对被复议行为是否属于行政复议范围以及该行为是否合法、适当进行全面审查，并根据《中华人民共和国行政复议法》及《中华人民共和国行政复议法实施条例》的有关规定作出相应的行政复议决定。本案中，原告石某的行政复议请求为要求某区城管局拆除违法建设，履行法定职责。原告庭审中亦坚持其复议要求拆除的是铁皮和铁栅栏。被告某区政府收到原告的复议申请后，应当就被复议行为的请求事项进行全面审查。但被诉复议决定只确认了被申请人某区城管局未在法定期限内对某街道西里 9 楼 5 门西侧铁皮构筑物履行查处职责违法，对于原告反映的铁栅栏是否构成违法构筑物、是否应予拆除的问题被告未予调查核实，被诉复议决定也未予回复。因此，被诉复议决定明显遗漏了行政复议决定应当处理的事项，属于认定事实不清，主要证据不足。

北京市第四中级人民法院依照《中华人民共和国行政诉讼法》第七十条第一项之规定，判决如下：

一、撤销某区政府作出的东政复字［2019］114 号《行政复议决定书》；

二、责令某区政府针对石某的行政复议申请于本判决生效之日起法定期限内重新作出行政复议决定。

二审法院同意一审法院裁判意见。

【法官后语】

由于城市更新进程加快，对于违法建设进行查处的城市管理行为也占据了复议、诉讼审查对象中的不小比例。而违法建筑物、构筑物的认定至关重要，那么如何认定违法建筑物、构筑物，以及进行认定行为审查的机关应该为哪种行政机关则是需要明确的，如此才能够保障当事人的合法权益。

在对建筑物、构筑物、设施合法性进行认定时，首先看其是否取得了规划许可，已取得的规划许可是否是临时性的、有无超期，有无按照规划许可进行建设；其次对于有权属证明的建筑物、构筑物，看其有无通过搭建行为增加了面积，使个人行为获得实际利益，或者侵犯占用了公共空间。

而很显然，从法律、法规、规章禁止性规定来看，违法建筑的认定一方面是城管执法部门的工作职责，另一方面也要结合其他管理部门提供的信息。这些信息通常是指管理部门的许可信息、技术规范和标准信息、申报信息和备案信息、其他管理信息等。然而，起主导作用的仍然是城管执法部门。故除城乡规划部门外，城管执法部门对于违法建筑的认定负主要责任，在接受举报人的举报后也应当对涉事建筑的合法性进行核实与认定，当自身现有材料不能认定涉事建筑性质时，也应主动向有关规划部门发函询问确认，然后依法作出相应的处理。在违法建筑的认定和查处中，其他相关管理部门应及时履职，将管理信息及时与城管执法部门共享。

综上，在违法建筑物、构筑物的认定和查处中，城管执法部门应及时履职，对于不能认定或不能确认建筑合法性的，应及时与相关管理部门进行信息共享，对违法建筑物、构筑物的认定做出及时处理，不能将此项职责转嫁于相对人身上从而弱化乃至不履行其日常监管、认定、处理的职责。

本案中，原告作为举报人对涉案建筑进行了举报，某区城管局作为依法享有处理违法建筑的职权的行政机关对此举报进行了处理。某区城管局应对涉案建筑的合法性作出认定后进行处理，而本案中，涉及的违法建筑系在固有房屋基础上用铁栅栏、铁皮等材料搭建起的院落，综合该案证据材料显示，其系占用小区道路、花园等搭建建筑物、构筑物，应当予以拆除。而某区城管局只在进行了调查、约谈和部分拆除工作后，在违法建设人未及时改正的情况下仅协助违法建设人将铁皮拆除。某区城管局在执法过程中将违法的构筑物进行了主管认知上的分割，将一体结构的铁皮、铁栅栏分开进行处理。铁栅栏、铁皮是形成铁皮构筑物的组成部分，某区城管局将其强行进行割裂，没有认定为违法建筑，听之任之，这属于行政不作为；而在本案中，因为某区城管局的强行割裂，原告又向规自委某区分局申请认定“铁栅栏”的合法性，规自委某区分局又出函认定其为违法构筑物，徒增当事人的负担。

有关违法建筑物、构筑物的认定，本系城管执法部门应当认定的内容，在其存有疑问时，应当主动咨询规划部门进行认定并处理，而本案的某区城管局却在规划部门认定后，将违法构筑物进行了拆分。若其对拆分后的设施属性不明，仍可向规划部门进行确认，然其却强行割裂违法构筑物。此种情况使得原告替城管局完成了对剩余构筑物的属性确认，系行政不作为，而被告在作出复议决定时，对这点也未能认清、查明，故法院判决撤销复议决定并责令其重新作出。

编写人：北京市第四中级人民法院　孙嘉琳

48

农村违法建筑应综合考量相关因素决定是否拆除

——周甲诉某镇人民政府不履行法定职责案

【案件基本信息】

1. 裁判书字号

江苏省南通市中级人民法院（2019）苏06行终679号行政判决书

2. 案由：不履行法定职责纠纷

3. 当事人

原告（上诉人）：周甲

被告（被上诉人）：某镇人民政府（以下简称某镇政府）

第三人（被上诉人）：周乙

【基本案情】

周甲户与周乙户东西相邻。2017年2月，周甲向某镇政府提交《履行职责申请》，请求某镇政府重新丈量土地，恢复1997年农村二轮承包周甲责任田西边原有的2尺5寸的人行道路，拆除公共道路上的一切违章违建。因某镇政府未履行查处职责，周甲于2017年诉至江苏省如东县人民法院，该院认为，周甲履职申请所涉围墙不属于某镇政府应当予以查处的情形，遂于2017年11月29日判决驳回周甲的诉讼请求。周甲不服，上诉至江苏省南通市中级人民法院，该院认为，案涉围墙属于构筑物，某镇政府未正确履行职责，遂于2018年4月13日判决撤销一审判决，责令某镇政府对周甲的申请事项予以调查处理。2018年6月13日，某镇政府作出《关于对周甲申请事项的调查处理报告》，认为某镇政府会同城建、土管等部门，对周甲投诉的周乙护土墙、宅基地等问题进行了多次查勘、讨论，查明护土墙位于周乙住宅地东侧，2005年周乙为防止水土流失，其在住宅地东侧砌了1米左右的护土墙，为保障护土墙安全，周乙又在护土墙东侧加了常规支撑点，以防倒塌。因周甲出行路在东边，周乙所砌护土墙对周甲及其他村民的正常生产生活没有影响，且护土墙在农村确实存在。

另查明，周甲与周乙曾因排除妨碍纠纷诉至江苏省海安市人民法院，2016年1月8日，该院判决驳回周甲的诉讼请求。周甲不服，提起上诉。2016年6月13日，江苏省南通市中级人民法院判决认定：周乙于2005年左右在其与周甲之间的集体共用土地上建造围墙，多年来，周甲户一直自东边出行，如其认为通过周乙门前道路通行更为便利，应当与周乙户友好协商解决，现有证据亦不足以认定对周乙建造的围墙有排除妨害的现实必要性。故驳回上诉，维持原判。周甲仍不服，提起申诉，江苏省高级人民法院经审理依法作出驳回申诉通知书。

【案件焦点】

针对周甲的举报，某镇政府是否存在不履行法定职责的情形，其所作调查处理报告依据是否充分。

【法院裁判要旨】

江苏省南通经济技术开发区人民法院经审理认为：案涉围墙已被生效文书确认属于城乡规划法调整对象的构筑物，但周甲曾与周乙因排除妨碍纠纷向法院提起民事诉讼，该案件经一审、二审、再审，三级法院均认定现有证据不足以认定周乙建造的围墙有排除妨害的现实必要性。周甲多年来一直自东边出行，案涉围墙对周甲出行不造成实际影响。

江苏省南通经济技术开发区人民法院依照《中华人民共和国行政诉讼法》第六十九条之规定，判决如下：

驳回周甲的诉讼请求。

周甲不服，提出上诉。江苏省南通市中级人民法院经审理认为：对于农村居民建设的构筑物，如果行政机关经调查发现确实不影响规划，且对周边邻居不造成影响，从而作出不予查处或者不予拆除的处理决定，可以认定行政机关已经履行了相应的职责。

第一，案涉挡土墙对周甲的通行权不造成影响。生效民事判决认为，周甲户一直自东边出行，如其认为通过周乙门前道路通行更为便利，应当与周乙户友好协商解决，现有证据亦不足以认定对周乙户建造的围墙有排除妨害的现实必要性。第二，周甲主张的通行权并不因案涉挡土墙的拆除而必然实现。现场勘查发现，周甲户如从西边道路步行向南，挡土墙存在与否对其并无影响，如汽车通行，即使挡土墙被拆除，也需要在集体共用土地及水塘上修建水泥道路，才存在汽车通行的可能，更何况道路也不可能紧贴挡土墙的墙根修建。周甲主张的通行权并不因案涉挡土墙的拆除而必然实现。第三，某镇政府作出的调查处理报告与生效判决并不冲突。生效行政判决认为，案涉围墙属于构筑物并受相关的规划管理法律法规调整，但对于案涉围墙是否属于违法建设、如何处理的问题，需要某镇政府调查后作出处理决定。某镇政府收到判决书后，组织住建、城建、土管等部门到现场勘测，召开会议讨论，认定案涉挡土墙对周甲及其他村民的正常生产生活没有影响，决定对案涉挡土墙不予查处。这一结论与生效民事判决及现场查看的情况相符，结论并无不当，所作处理体现了尊重历史、面对现实的原则，最大限度地保障了两户的权益。

江苏省南通市中级人民法院依照《中华人民共和国行政诉讼法》第八十九条第一款第一项之规定，作出如下判决：

驳回上诉，维持原判。

【法官后语】

土地作为农业生产的基本要素，不仅是农民最基本的生产生活资料，也是农村最主要的可利用资源。长期以来，农村违法占地建设建、构筑物是导致土地“非农化”“非粮化”的重要原因。严守耕地红线、切实保护耕地资源是审理涉农村违法建设行政案件的基本原则。但是，农村违法建设原因纷繁复杂，不仅涉及法律问题，还涉及事实问题以及历史遗留问题。因此，针对农村违建行为不能“一刀切”，而应当根据具体情况，因时、因地制宜，分类处置违法建设。

1. 农村违法建设行为的主要成因及表现

农村违法建设主要表现在以下几个方面：一是农村居民未批先建、少批多建建、构筑物。有的村民基于人口增加、改善居住条件等需要，在审批面积基础上，不断以翻建、改建住房的方式，扩大住宅占地范围，或者为了方便生产需要，未经批准在耕地内建设挡土墙、仓库、厕所等构筑物。二是土地流转导致土地性质“非农化”。随着农村剩余劳动力向城市转移，承包土地闲置，部分农民把本应耕种的土地租给他人开办企业、工厂。三是部分休闲农庄、农家乐在实际经营过程中，违背不改变土地性质的承诺，建设永久性建筑，硬化土地、破坏耕作层，形成所谓的“大棚房”问题。

2. 农村违法建设中的当事人权益保护

查处农村违法建设旨在保护土地资源，但并不意味着违法行为人的权利一概不予保护。在切实保护耕地的前提下，要严格甄别并保护当事人可能存在的正当财产权益和程序权利，不能因为当事人实施了违法建设行为，就将其合理诉求拒之门外。一是违法建筑的合法原材料应予保护。违法建筑本身不受法律保护，但组成建筑物的原材料属于当事人的合法财产，如果行政机关采用不合理的方式强制拆除违法建筑，造成不当损害的，应当承担赔偿责任。二是不得剥夺正当程序性权利。在查处违法建设案件的过程中，行政机关应保障当事人陈述、申辩以及要求听证等权利。作出限期拆除的处罚决定时，应当根据建筑物的性质给予当事人合理的拆除期限，以便当事人最大程度地减少可用建材的损失，充分腾空屋内财产。三是征地拆迁中的合理补偿。在征地拆迁过程中，拆迁人对于违法建设的建筑物、构筑物并非一概不予补偿，而是通常按建材回购价、对附属设施给予一定补偿。法院应当区分日常行政管理过程中的违法建设查处与拆迁过程中的违法建设查处，根据违法建筑形成过程中各方面的责任大小，确定适当比例，基于当事人合理的行政补偿或者行政赔偿。

3. 对查处农村违法建设中行政自由裁量权的审查

行政诉讼以合法性审查为原则，但机械式的合法性审查不能满足实践需求，《中华人民共和国行政诉讼法》第七十条第六项规定了“明显不当的”行政行为属于可撤销行为。这是一种适度的合理性审查，是对合法性审查的有益补充。虽然在违法建设的查处中，严格执法可避免选择性执法、执法不统一的情况出现，但是也可能导致执法“一刀切”的局面。对于一些争议较大、存在历史原因的农村违法建设，还是应当根据个案的具体情况判断是否“严重影响规划”，因地制宜、因时制宜、分类处置违法建设。行政自由裁量权遵循的依法原则、程序正当原则以及比例原则，都旨在追寻一种符合社会道德和客观规律的、多数社会成员认同的合理性。因此，如行政机关对形式上是违法建设的行为不予查处时，应当符合自由裁量的目的。

实践中，农村违法建筑成因较多，有的是家庭人口增加，但基层组织已不再批准建房，有的是规划不合理，需要相应建、构筑物满足生产生活需要。在此情况下，应当从有利生产、方便生活且不影响周边环境、邻居等角度出发，综合施策、客观看待，消解法律的稳定性与现实的多样性之间的紧张关系。如本案中，某镇政府认定案涉挡土墙对周甲及其他村民的正常生产生活没有影响，这一结论与生效民事判决及法院至现场查看的情况相符，体现了尊重历史、面对现实的原则。

编写人：江苏省南通市中级人民法院　张祺炜　金保阳

49

行政职务行为是否属于公安管辖范围的理论分析

——徐某诉某市公安局不履行法定职责案

【案件基本信息】

1. 裁判书字号

江苏省南通市中级人民法院（2020）苏06行终407号行政判决书

2. 案由：不履行法定职责纠纷

3. 当事人

原告（上诉人）：徐某

被告（被上诉人）：某市公安局

【基本案情】

2019年11月30日，某市公安局接到报警称徐某及家人与拆迁工作组人员因拆迁问题发生纠纷，徐某及家人被殴打。当日17时24分，处警民警到达现场，经了解系徐某家庭与拆迁工作组人员为房屋拆迁事宜发生纠纷。处警民警将各方指认的涉嫌殴打他人的人员口头传唤至派出所接受调查。

徐某认为某市公安局未履行法定职责，遂提起诉讼，请求确认2019年11月30日徐某报警后，某市公安局不制止违法行为违法。

【案件焦点】

某市公安局接警后的处警行为是否合法。

【法院裁判要旨】

江苏省南通经济技术开发区人民法院经审理认为：某市公安局接到110指

挥中心指令后，派警到达现场并了解现场情况、劝解现场人员。处警结束后，及时制作接处警工作登记表。因此，接处警程序符合法律和公安部规范性文件的规定。徐某方报警时即称与拆迁工作组人员为拆迁问题发生纠纷，处警民警现场了解的情况亦是徐某户与拆迁工作组人员协商拆迁问题而产生纠纷。针对纠纷双方指控的殴打行为，处警民警将涉嫌存在殴打行为的相关人员均传唤至派出所接受调查。针对其余拆迁工作人员，拆迁主体委派的工作人员人数是否超过合理的协商需求、协议搬迁中是否存在其他不当行为，均属于作为搬迁补偿主体的行政机关实施的行政行为，徐某认为相应行政机关协商签订行政协议的手段、过程等违法的，可以另行通过法定途径主张权利。公安机关无权对其他行政机关的行政行为合法与否直接作出评判或者予以干涉。

江苏省南通经济技术开发区人民法院依照《中华人民共和国行政诉讼法》第六十九的规定，作出如下判决：

驳回徐某的诉讼请求。

徐某认为某市公安局未能平息拆迁纠纷，未在现场监督拆迁工作属于不正确履职，遂提起上诉。江苏省南通市中级人民法院经审理认为：根据公安部《110 接处警工作规则》的相关规定，处警民警接到 110 报警服务台处警指令后，应当迅速前往现场开展处置工作。处警民警到达现场后，应当根据有关规定对警情妥善处置。处警结束后，应当及时将处警情况向 110 报警服务台反馈，并做好处警记录。某市公安局接到报警后，及时派警到达了现场并了解现场情况。处警结束后做好处警记录，该接处警程序符合法律和公安部规范性文件的规定。到达现场后根据现场调查的情况，对违法嫌疑人进行了传唤，并予以立案调查，并无不履行治安管理法定职责的违法情形。拆迁工作系相关行政机关负责实施，在没有法律法规特别规定的情况下，某市公安局不具有对其他行政机关的行政职务行为进行查处的职责。

江苏省南通市中级人民法院依照《中华人民共和国行政诉讼法》第八十九条第一款第一项之规定，作出如下判决：

驳回上诉，维持原判。

【法官后语】

提起履职之诉的必备条件之一就是应当向有管辖权的行政机关提出。当行政机关对申请人请求保护的事项不具有相应的管辖权力时，当事人的诉请自然不能获得支持。本案系由拆迁引发，当事人认为公安机关应当对具体拆迁行为进行管理。显然，公安局对此类行政职务行为，不具有法定的管辖权力。

1. 不具有组织架构上的可管理关系

行政机关的相互关系，主要包括纵向的上下级关系和横向的不相隶属关系。纵向关系是一种等级命令关系。这种等级命令关系就是上下级行政机关之间的领导与被领导、命令和服从的关系。基于等级命令关系，上级机关可以确定下级机关的法定职权及其裁量权范围，而下级机关则必须绝对服从上级行政机关领导，将上级机关的决定层层传达、执行。横向法律关系主要是分工配合关系，在横向关系中，各行政机关地位彼此平等，相互间不存在强制、命令、管辖关系。

具体到本案中，在公安机关的组织体系中，作为各级政府的职能部门，实行双重领导体制。公安机关在接受本级人民政府领导的同时，还要接受上级公安机关的领导。本案警情实际上由政府拆迁行为引发，该拆迁行为是行政机关行使政府职能、实现行政管理目的的手段之一，当属行政职务行为。如是县市级以上人民政府实施的拆迁行为，某市公安局作为下级机关，当然无权对上级机关的职务行为进行管理，否则有违组织法中“等级命令”基本原则。若是该行为系横向其他行政机关实施，则与某市公安局在行政组织架构中处于平等地位，互无隶属与服从关系，某市公安局亦无权对同级行政机关予以处置。

2. 不具备行政监督的法定主体身份

为了督导行政机关及其工作人员在行政管理过程中的行为，法律法规赋予相关组织对行政机关及其公务人员的行政职务活动进行审视、评价与查究的权利。行政权监督主要包括权力机关监督、司法监督、内部层级监督、民主监督、社会公众监督以及政府系统内设立的专职监督即监察监督和审计监督。其中，内部层级监督指上级行政机关基于行政隶属关系对下级行政机关实施的监督，包括上级人民政府对下级人民政府、本级人民政府对其所属工作部门、上级行政部门对下级行政部门的监督。内部层级监督有着森严的等级界限，上下级泾渭分明。

本案中，某市公安局不具备法律监督主体身份，其不属于权力机关、司法机关或社会公众。案涉拆迁行为无论是哪一级政府或行政机关实施，都不是某市公安局的下属机关，因此某市公安局绝无可能取得层级监督的主体身份，无法根据地方各级人民代表大会和地方各级人民政府组织法或行政复议法的规定，去评判、改变、撤销强制拆除行为。

3. 基于行政行为的公定力

如前所述，行政机关进行的拆迁行为也是履行行政管理职责的手段之一，只是与公安机关的分工不一样而已，同属行政行为。行政行为基本特征之一即具有公定力，意味着行政行为一经成立，不论是否合法，在未被有权机关撤销或变更以前，都应当被推定为合法，对行政机关本身、相对方以及其他国家机关都具有拘束力，任何团体或个人都必须遵守和服从。如果仅因为被拆迁人报警就允许公安机关介入平行行政机关的职务行为，审查其他行政机关行政管理、执法行为的合法性，属于对“有权机关”的违法扩大解释，无异于对行政行为公定力的破坏。

4. 当事人有直接救济途径

大部分行政法部门法律法规在规定法律责任时，对行政机关工作人员一方违法行使职权的行为规定给予行政处分，构成犯罪的依法追究刑事责任。《关于对国家行政机关工作人员执行职务过程中的违法行为能否给予治安处罚的请示》的复函中明确，行政机关工作人员在执行职务时存在故意或者重大过失侵犯公民合法权益造成损害的，一是承担民事责任，即承担部分或者全部的赔偿费用；二是承担行政责任，即由有关行政机关依法给予行政处分。依照刑法规定，构成犯罪的，还应当承担刑事责任。国家赔偿法第二条、第四条、第十六条也赋予被害人最为直接、便捷的救济途径。因此，当事人如果认为行政机关工作人员职务行为侵权，可以向其所属行政机关或纪检监察部门投诉或举报，也可以依照行政复议法及行政诉讼法规定，向上一级行政机关申请行政复议或提起行政诉讼。

本案中，某市公安局正确履行了接处警职责，并无不履行治安管理法定职责的违法情形。徐某要求某市公安局对相关行政机关的拆迁行为予以制止缺乏事实和法律依据。

编写人：江苏省南通市中级人民法院　鲍蕊

50

医疗保健机构办理出生医学证明行为性质的认定

——舒某诉某医院不履行法定职责案

【案件基本信息】

1. 裁判书字号

北京市西城区人民法院（2020）京0102行初142号行政判决书

2. 案由：不履行法定职责纠纷

3. 当事人

原告：舒某

被告：某医院

【基本案情】

原告舒某与案外人白某于2017年12月9日结婚，后原告舒某怀孕，在被告某医院处建立母婴保健档案。2018年7月25日，原告起诉白某离婚。2019年1月23日，黑龙江省齐齐哈尔市龙沙区人民法院作出（2019）黑0202民初248号民事判决书，认为原告舒某现已怀孕，为了未来子女的健康成长，维护家庭关系稳定，双方应珍惜夫妻感情，判决驳回舒某的诉讼请求。2019年3月

7 日，原告舒某于被告某医院处分娩一女婴，后原告要求被告为其女办理《出生医学证明》，被告以新生儿父亲未到场且原告舒某无法提供新生儿父亲有效身份证件为由未予办理，遂成讼。

【案件焦点】

1. 某医院是否为本案适格被告；2. 被告某医院未出具《出生医学证明》的行为是否构成不履行法定职责。

【法院裁判要旨】

北京市西城区人民法院经审理认为：

第一，某医院出具《出生医学证明》属于行政行为，某医院是行政诉讼法的适格被告。

一是从出具《出生医学证明》的行为特征来看，《中华人民共和国母婴保健法》第二十三条规定，医疗保健机构和从事家庭接生的人员按照国务院卫生行政部门的规定，出具统一制发的新生儿出生医学证明。可见《出生医学证明》是根据法律明确授权由医疗保健机构等按规定出具，未经授权的主体禁止出具；《出生医学证明》由国家卫生行政部门统一制发，签发时间、流程、内容等均由法律规范明确规定；医疗机构对符合条件的公民必须出具《出生医学证明》，没有自主选择是否出具、何时出具、如何出具的权利。出具《出生医学证明》的行为具有授权性、法定性和强制性，符合行政权行使的一般特征。医疗服务行为是基于医患双方缔结的合同关系所产生的行为，虽然出于职业伦理和道德，医方具有一定的强制缔约义务，但总体上遵循私法的意思自治原则。对于提供医疗服务的主体有严格的资格限制，但对其从事的诊断、治疗等具体行为不需要法律明确授权，对其形式和内容亦不存在法定要式，而是由医患双方自主决断。因此，医疗服务行为呈现非授权性、意定性和自愿性特点。因此，出具《出生医学证明》在行为特征上区别于出具病历、处方等医疗服务行为。

二是从出具《出生医学证明》的行为效力及目的来看，行政行为通过履行公共管理职能，维护公共秩序，以促进公共利益的整体实现；民事行为调整平等公民、法人或其他组织之间的关系，目的在于实现个体权利义务的增减得失。《出生医学证明》载明新生儿姓名、性别、健康状况、出生地点、父母情况等信息，具有医学法律效力，用以证明出生人口的自然状况和血亲关系。其既是新生儿依法获得国籍、社会保障以及户籍机关进行户籍登记的医学依据，也是国家进行人口管理的重要凭证，制度目的在于建立稳定的社会关系，在教育、就业、养老等方面实现社会利益的有序分配。因此，出具《出生医学证明》体现明显的公共管理职能。

《中华人民共和国行政诉讼法》第二条规定，公民、法人或其他组织认为行政机关和行政机关工作人员的行政行为侵犯其合法权益，有权依照本法向人民法院提起诉讼。前款所称行政行为，包括法律、法规、规章授权的组织作出的行政行为。某医院虽然不是行政机关，但其承担出具《出生医学证明》的行政管理职能，是法律法规授权的组织，因此具有行政诉讼的被告主体资格，是本案适格被告。

第二，被告某医院未出具《出生医学证明》的行为构成不履行法定职责。

《国家卫生和计划生育委员会、公安部关于启用和规范管理新版〈出生医学证明的通知〉》附件 2《新版〈出生医学证明〉（第五版）首次签发情形与要求》第二部分“首次签发要求”中规定，签发机构审验新生儿父母有效身份证件原件并留存复印件后，按照《出生医学证明首次签发登记表》内容签发。在有关“新生儿父母信息”部分中规定，未提供新生儿父亲信息的，新生儿母亲应当提供本人签字的书面声明，签发机构可在《出生医学证明》上父亲信息的相应栏目处填写“/”。被告认为，原告未按上述规定要求向被告某医院提供新生儿父亲的有效身份证原件。但是，原告的母婴健康保健系统中已经录入了父亲信息，不属于上述规定中“未提供新生儿父亲信息的”情形，因而被告不能仅凭原告的单方声明在父亲信息栏目处填“白某”或“/”而不为原告之女办理《出生医学证明》。

被告严谨的工作态度值得肯定，但对上述规范性文件条款的理解过于机械，不利于保护当事人的合法权益。从查明的事实可知，原告与白某的婚姻原本处于存续状态，在原告的母婴健康保健系统中录入白某的相关信息是怀孕建档的正常流程和要求。后原告因与白某产生矛盾起诉离婚，根据生效民事判决记载，诉讼时原告已经怀孕，且仅有原告一方出庭而白某未出庭。可见原告在本案中所称其无法联系白某以取得其身份证件具有合理性。因此，原告在办理《出生医学证明》时无法提供新生儿父亲身份证件既非原告过错所致，也无其他可代替性方案。而对于不能提供新生儿父亲信息的情形，上述规定给予了“依母亲书面声明”进行办理的解决途径。若某医院仅因母婴保健系统中曾记录父亲信息就阻断该解决途径，必将使原告之女陷入无法获得救济的境地，对原告之女后续获得国籍、户籍、社会保障等权益造成重大影响。这既背离了规范《出生医学证明》的初衷，也不符合人口管理的根本目的。

综上，当新生儿父亲拒绝出面提供有效身份证件为新生儿办理《出生医学证明》时，签发机构应当根据新生儿母亲签字的书面声明，在父亲栏目项填“/”，并为新生儿办理《出生医学证明》。本案中，某医院在原告多次申请下仍拒绝为其女办理《出生医学证明》的行为，违反了《中华人民共和国母婴保健法》第二十三条之规定，属于不履行法定职责。

北京市西城区人民法院依据《中华人民共和国行政诉讼法》第七十二条之规定，判决如下：

责令某医院于本判决生效后七日内为舒某之女出具《出生医学证明》。

【法官后语】

本案判决具有理论和实践的双重意义。

一是在理论层面，本案明确了医疗保健机构办理新生儿出生医学证明的行为性质，确认了医疗保健机构能够作为适格被告参与行政诉讼。医疗保健机构具有一定的特殊性，一方面，作为医疗服务的提供单位，其与就医患者形成了以诊断、治疗为核心的平等民事法律关系，一旦出现医患纠纷，可诉诸民事纠纷解决途径；另一方面，医疗保健机构属于事业单位，承担一定的公共服务职能，在法律、法规授权的情况下可以行使行政管理职责，与就医患者形成行政法律关系。办理出生医学证明的行为如何认定在实践中存在一定争议，有观点认为，办理出生医学证明是对新生儿自然情况的记载，属于医院为产妇提供生育医疗服务的附随义务，属于民事范畴；还有观点认为，办理出生医学证明是卫生健康监管部门委托医疗机构行使行政管理职权的行为，实施主体是医院，但行政责任的承担者是卫生行政部门。

本判决从行为权力来源、行为特征、行为效力、行为目的四个方面对办理出生医学证明的性质进行了厘清：（1）从权力来源看，《中华人民共和国母婴保健法》第二十三条明确规定由医疗保健机构出具出生医学证明，该权力直接来源于法律授予，而非卫生行政部门的委托。（2）从行政特征来看，出生医学证明具有法定性和强制性，医疗保健机构对出生医学证明出具的条件、时间、内容、形式不可随意选择，亦不可与新生儿家属意定更改。（3）从行为效力来看，出生医学证明用以载明新生儿自然情况和血亲关系，是新生儿获得国籍、户籍、社会保障的必要依据，不仅具有医学意义，更具有社会意义。（4）从行为目的来看，出生医学证明是国家进行人口管理、合理分配社会资源、维护稳定社会秩序的基本手段，具有明显的公共管理色彩。综上，办理出生医学证明既区别于基于意思自治的民事医疗行为，亦不属于受卫生行政部门的委托行为，是直接源于法律授权的具有公共管理职能的行政行为。

二是实践层面，本案为部分请求医疗保健机构签发出生医学证明时遇到困难的家长提供了有益指引。母婴健康保健系统录有新生儿父亲信息，但办理出生医学证明时父亲拒不提供身份证件时应如何处理，现有操作规范缺乏规定。此类案件在夫妻之间感情不和，甚至正处于离婚争议时多发。一方面，医疗机构要综合考虑母亲不能提供父亲身份证件是否存在主观过错或主观恶意，如果综合相关情节能够认为母亲有合理理由难以提供父亲信息，不应对其过分苛责，应考虑容许母亲通过“单方声明”办理出生医学证明。另一方面，出生医学证明影响新生儿重大人身、财产权益，在不违反法律禁止性规定的前提下，医疗机构应当尽其所能地从有利于新生儿的角度考量，方符合行政管理的根本初衷。

编写人：北京市西城区人民法院　盛亚娟　曹实

51

用人单位未缴纳社会保险费劳动监察时效的适用

——龚某诉某市某区人力资源和社会保障局不履行劳动监察职责案

【案件基本信息】

1. 裁判书字号

江苏省南通市中级人民法院（2020）苏06行终431号行政判决书

2. 案由：不履行劳动监察职责纠纷

3. 当事人

原告（上诉人）：龚某

被告（被上诉人）：某市某区人力资源和社会保障局（以下简称某区人社局）

第三人（被上诉人）：建设集团公司

【基本案情】

1995年2月，龚某入职原建筑安装公司。1997年4月25日，原建筑安装公司与龚某终止劳动合同关系。原建筑安装公司于2004年改制为第三人建设集团公司。2011年7月至2012年6月，案外人机械制造公司为龚某申报缴纳养老保险费。2016年10月起，龚某挂靠某区就业管理中心自行申报缴纳养老保险费。2020年1月7日，龚某向某区人社局投诉，要求某区人社局责令建设集团公司补缴1995年至1997年龚某工作期间的社会保险费。某区人社局于1月9日作出《劳动保障监察不予受理投诉决定书》，认为龚某反映的建设集团公司未缴费行为已超过2年，根据《劳动保障监察条例》第二十条、《劳动和社会保障部关于实施〈劳动保障监察条例〉若干规定》第十八条的规定，决定不予受理。龚某不服，提起诉讼，请求撤销某区人社局作出的不予受理投诉决定书，责令某区人社局依法受理龚某的投诉请求。

【案件焦点】

龚某要求某区人社局履行对建设集团公司的劳动监察法定职责，是否超过 2 年时效。

【法院裁判要旨】

江苏省南通经济技术开发区人民法院经审理认为：《劳动保障监察条例》第二十条第一款规定，违反劳动保障法律、法规或者规章的行为在 2 年内未被劳动保障行政部门发现，也未被举报、投诉的，劳动保障行政部门不再查处。龚某与建设集团公司之间的劳动关系于 1997 年 4 月已终止，建设集团公司不再负有为龚某缴纳社会保险费的义务，即便存在违法行为，也应从此时开始计算 2 年劳动监察时效期。龚某于 2020 年 1 月 7 日向某区人社局投诉，已超过了 2 年的劳动保障监察时效。某区人社局作出的不予受理投诉决定书符合法律规定。

江苏省南通经济技术开发区人民法院依照《中华人民共和国行政诉讼法》第六十九条之规定，判决如下：

驳回龚某的诉讼请求。

龚某不服，提出上诉。江苏省南通市中级人民法院经审理认为：劳动保障行政部门依据《劳动保障监察条例》第二十条规定，以企业未依法缴纳社会保险费行为在 2 年内未被发现，也未被举报、投诉为由不再查处的，人民法院不予支持；当事人请求履行上述查处职责，且能够提供相应材料初步证明企业存在未依法缴纳社会保险费用的，人民法院应当判决责令有关劳动保障行政部门履行相应职责。追缴社会保险费有一定的特殊性，是否适用 2 年查处时效，应受到以下两个条件的限制。第一，职工需提交初步证明。职工举报、投诉企业未依法缴纳社会保险费不受 2 年时效限制、人民法院责令劳动保障行政部门履行相应职责的前提是职工有初步证据证明企业存在未依法缴纳社会保险费的行为。否则，如果职工提交的证据或者劳动保障行政部门经核查发现的证据不能证明企业存在未依法缴纳社会保险费的情形时，即使法院责令劳动保障行政部门履职相应职责，也没有意义。第二，用人单位未缴纳社会保险费的违法行为需呈持续状态。当职工与用人单位解除、终止劳动关系时，用人单位缴纳社会保险费的义务即告终止，其不作为违法行为也相应终止，故应从此时起算用人单位欠缴社会保险费的追诉时效。本案中，龚某原就职的建筑安装公司已改制为建设集团公司，龚某此后又就职于案外人机械制造公司，1995—1997 年期间，建设集团公司属于乡镇企业，不在当时必须参加企业职工基本养老保险的参保范围内，且从龚某 1997 年 4 月离职起，建设集团公司便没有再为龚某缴纳社会保险费的义务。龚某要求某区人社局责令建设集团公司补缴 1995—1997 年龚某的社会保险费的投诉事项，已超过 2 年的劳动保障监察查处时效，且无初步证据证明建设集团公司存在未依法为龚某缴纳社会保险费用的情形。

江苏省南通市中级人民法院依照《中华人民共和国行政诉讼法》第八十九条第一款第一项之规定，作出如下判决：

驳回上诉，维持原判。

【法官后语】

社会保险法规定用人单位有为职工缴纳社会保险费的义务，但用人单位因种种原因，未为职工缴纳或者未及时足额缴纳社会保险费的情况时有发生。基于社会保险费缴纳强制性、保障性的特点，查处社会保障违法行为应坚持职工合法权益优先原则，但是，也需适度考虑用人单位的承受能力以及法律关系的稳定性。因此，职工通过劳动监察的方式要求用人单位补缴社会保险费，应从严掌握不受时效限制的前提条件。

1. 要求用人单位补缴社会保险是否受 2 年时效限制的相关规定

《劳动保障监察条例》第二十条规定，违反劳动保障法律、法规或者规章的行为在 2 年内未被劳动保障行政部门发现，也未被举报、投诉的，劳动保障行政部门不再查处。前款规定的期限，自违反劳动保障法律、法规或者规章的行为发生之日起计算；违反劳动保障法律、法规或者规章的行为有连续或者继续状态的，自行为终了之日起计算。上述规定是劳动保障监察查处时效的一般规定，人社部门通常以此规定，对职工超过2年的投诉不予受理。劳动保障行政部门依据《劳动保障监察条例》第二十条规定，以企业未依法缴纳社会保险费行为在2年内未被发现，也未被举报、投诉为由不再查处的，人民法院不予支持；当事人请求履行上述查处职责，且能够提供相应材料初步证明企业存在未依法缴纳社会保险费用的，人民法院应当判决责令有关劳动保障行政部门履行相应职责。职工通常会起诉要求人社部门对用人单位超过2年未缴纳社会保险的行为进行查处。

2. 要求用人单位补缴社会保险费相关纠纷的价值判断

用人单位未为职工缴纳或者及时足额缴纳社会保险费的样态十分复杂，最常见的是用人单位未为在职职工缴纳社会保险，在职职工向人社部门投诉的情形。实践中，还存在以下情况：一是用人单位未缴纳社会保险，职工退休后向人社部门投诉；二是职工离职后在其他用人单位就职，要求原用人单位补缴社会保险费；三是用人单位已改制，职工要求改制后的企业补缴社会保险费。因此，对于职工投诉用人单位未缴纳社会保险费，劳动监察部门一概以超过2年为由不予受理的，显然违反了社会保险强制性、原则性的基本原则，也不利于职工的权益保障和社会和谐稳定。但是，企业缴纳社会保险费的行为，不仅关系到参保人员的合法权益，同时也关系到社保基金的支撑能力以及政府的财政负担，从行政执法实践来看，还涉及劳动监察部门对相关事实的调查、取证问题。对于一些年代久远，企业改制或者职工已在他处就职等情形，如果不受任何期限限制就要求用人单位补缴社会保险费，不仅可能给企业带来沉重的负担，在社会保险费缴纳的技术层面，也难以实现。因此，对于企业未依法缴纳社会保险费行为的查处时效应从严掌握，只有满足一定前提条件，才可不受时效限制。

3. 用人单位未依法缴纳社会保险费行为查处时效的适用

职工要求劳动监察部门对用人单位未依法缴纳社会保险费进行查处，一般应满足以下两个条件，才可不受查处时效的限制。

一是职工提交初步的证据。职工举报、投诉企业未依法缴纳社会保险费不受时效限制、人民法院责令劳动保障行政部门履行相应职责的前提是职工有初步证据证明企业存在未依法缴纳社会保险费的行为。否则，如果职工提交的证据或者劳动保障行政部门经核查发现的证据不能证明企业存在未依法缴纳社会保险费的情形时，即使法院责令劳动保障行政部门履职相应职责，也没有意义。

二是用人单位未缴纳社会保险费的违法行为需呈持续状态。经办机构接到超过追诉期的投诉后，一般也按程序进行受理。对能够提供佐证材料的，尽量满足参保者诉求，予以解决，以减少企业职工临近退休时要求企业足额补缴欠费的问题发生。因此，当职工与用人单位劳动关系存续时，用人单位未缴纳社会保险费的行为可视为持续状态；当职工与用人单位解除、终止劳动关系时，用人单位缴纳社会保险费的义务即告终止，其不作为违法行为也相应终止，故应从此时起算用人单位欠缴社会保险费的追诉时效。

编写人：江苏省南通市中级人民法院　张祺炜

图书在版编目（CIP）数据

中国法院2022年度案例．行政纠纷／国家法官学院，最高人民法院司法案例研究院编．—北京：中国法制出版社，2022.2（2023.3重印）

ISBN 978-7-5216-2521-9

Ⅰ.①中… Ⅱ.①国…②最… Ⅲ.①行政法-案例-汇编-中国 Ⅳ.①D920.5

中国版本图书馆CIP数据核字（2022）第025277号

策划编辑：李小草　韩璐玮（hanluwei666@163.com）
责任编辑：赵律玮（ayu.0907@163.com）　　封面设计：李宁

中国法院2022年度案例．行政纠纷
ZHONGGUO FAYUAN 2022 NIANDU ANLI. XINGZHENG JIUFEN

编者/国家法官学院，最高人民法院司法案例研究院
经销/新华书店
印刷/北京虎彩文化传播有限公司
开本/730毫米×1030毫米　16开　　印张/14.75　字数/174千
版次/2022年2月第1版　　2023年3月第3次印刷

中国法制出版社出版
书号 ISBN 978-7-5216-2521-9　　定价：58.00元

北京市西城区西便门西里甲16号西便门办公区
邮政编码：100053　　传真：010-63141600
网址：http://www.zgfzs.com　　**编辑部电话：010-63141793**
市场营销部电话：010-63141612　　**印务部电话：010-63141606**

（如有印装质量问题，请与本社印务部联系。）

中国法院 2012～2022 年度案例系列

国家法官学院　最高人民法院司法案例研究院　编

简便易用、专业实用——打造“好读有用”的案例

1. 专业的作者：国家法官学院自 2012 年起推出《中国法院年度案例》丛书，至今已有 11 年，旨在探索编辑案例的新方法、新模式，以弥补当前各种案例书的不足。自 2020 年起，丛书由国家法官学院与最高人民法院司法案例研究院共同编辑，每年年初定期出版。

2. 强大的规模：2012、2013 年各推出 15 本，2014 年推出 18 本，2015 年推出 19 本，2016 年推出 20 本，2017 年推出 21 本，自 2018 年起推出 23 本，含传统和新近的热点纠纷，这些案例是从全国各地法院收集到的上一年度审结的近万件典型案例中挑选出来的，具有广泛的选编基础和较强的代表性。

3. 独特的内容：不再有繁杂的案情，高度提炼案情和裁判要旨，突出争议焦点问题。不再有冗长的分析，主审法官撰写“法官后语”，展现裁判思路方法。

4. 数据库增值服务：2022 年继续推出数据库增值服务，凡购买本书，扫描前勒口二维码，即可在本年度免费使用往年同类案例数据库，并可免费下载民法典全文及新旧对照。

1. 婚姻家庭与继承纠纷
2. 物权纠纷
3. 土地纠纷（含环境资源纠纷）
4. 房屋买卖合同纠纷
5. 合同纠纷
6. 买卖合同纠纷
7. 借款担保纠纷
8. 民间借贷纠纷
9. 侵权赔偿纠纷
10. 道路交通纠纷
11. 雇员受害赔偿纠纷（含帮工损害赔偿纠纷）
12. 人格权纠纷
13. 劳动纠纷（含社会保险纠纷）
14. 公司纠纷
15. 保险纠纷
16. 金融纠纷
17. 知识产权纠纷
18. 行政纠纷
19. 刑事案例一
20. 刑事案例二
21. 刑事案例三
22. 刑事案例四
23. 执行案例

新规则案例适用系列

民法典新规则案例适用	108 元
刑法修正案（十一）新规则案例适用	78 元
知识产权新规则案例适用	即出
民法典担保制度新规则案例适用	即出

民法典时代

中华人民共和国民法典释义与案例评注：总则编	125 元
中华人民共和国民法典释义与案例评注：物权编	156 元
中华人民共和国民法典释义与案例评注：人格权编	65 元
中华人民共和国民法典释义与案例评注：婚姻家庭编	68 元
中华人民共和国民法典释义与案例评注：继承编	65 元
中华人民共和国民法典释义与案例评注：侵权责任编	108 元
中华人民共和国民法典释义与案例评注：合同编	246 元
中华人民共和国民法典总则编释义	158 元
中华人民共和国民法典合同编释义	228 元
中华人民共和国民法典人格权与侵权责任编释义	158 元
中华人民共和国民法典婚姻家庭编与继承释义	98 元
中华人民共和国民法典物权编释义	148 元

新法释义系列

中华人民共和国个人信息保护法释义	78 元
中华人民共和国数据安全法释义	58 元